권력을 사랑한 여인들

옮긴이 **강성애**

인제대학교 중문과를 졸업하고, 부산외국어대학교 통번역대학원 한중과에서 석사 학위를 받았다. 중국 베이징외국어대학교에서 수학했다. 현재 번역 에이전시 엔터스코리아에서 출판기획자 및 전문 번역가로 활동하고 있다. 역서로는《서태후의 인간경영학》,《친구 : 삶이 가져다준 위대한 선물》,《강대국의 조건-네덜란드》,《중국을 뒤흔든 여인들》등 다수가 있다.

后宫的金枝玉叶
作者:向斯
copyright ⓒ 2005 by 紫禁城出版社
All rights reserved.
Korean Translation Copyright ⓒ 2012 by MIDASBOOKS
korean edition is published by arrangement with 紫禁城出版社
through EntersKorea Co., Ltd, Seoul.
이 책의 한국어판 저작권은 (주)엔터스코리아를 통한 중국의 紫禁城出版社와의 계약으로 도서출판 미다스북스가 소유합니다. 신 저작권법에 의하여 한국 내에서 보호를 받는 작품물이므로 무단전재와 무단복제를 금합니다.

권력을 사랑한 여인들

시앙쓰 지음 · 강성애 옮김

Introduce

황제의 막강한 권력,
권력을 사랑한 여인들!
- 밤의 중국사를 지배한 여인들의 역사

　중국 역사에서 황제는 권력의 정점이었다. 현대사회의 대통령과 같은 권력의 수장들도 재직시절 동안에는 막강한 권력을 행사한다. 그러나 과거 중국에서 황제의 권력은 오늘날의 그 어떤 자리보다도 막강하여 신과 같은 권능의 자리였다. 그러나 한편으로 역사는 밤에 이루어진다는 말이 있다. 밤의 역사를 실질적으로 만들고 지배하는 이는 여인들이다. 중국 역사를 보면 황제가 사는 궁궐 속의 여인들은 모두 황제의 소유물이나 마찬가지였다고 해도 과언이 아니다.

　그 속의 수많은 여인들 중 누군가가 황제의 간택을 받은 사람이 될 때 그녀의 운명은 땅과 하늘의 차이만큼 변화한다. 황제와의 잠자리에서 베갯머리 정치나 이불 속 협상을 얼마나 잘하느냐에 따라서 엄청난 부와 권력을 거머쥘 수 있음은 물론 나라의 향방을 좌지우지할 수도 있기 때문이다.

대표적인 예로 이 책에 등장하는 무미와 같은 여인은 열네 살에 보잘 것없는 후궁전 무리의 하나에서 출발하여 가냘픈 여인의 몸으로 대담한 지략과 권모술수를 통한 끊임없는 노력을 거쳐 서른두 살에 드디어 황후의 자리에 오른다. 그리고는 자신의 절대 권력에 방해가 되는 첫째, 둘째 아들들을 죽여가면서 종국에는 자신이 황제의 자리에 등극하여 측천則天이라고까지 칭하게 된다.

이렇듯 이 책 안에는 밤의 중국사에서 벌어지는 온갖 기행과 타락, 암투와 배신의 광경이 넘쳐난다. 독자들은 중국 황실의 권모술수로 점철된 밤의 역사를 보고 놀랄 수도 있다. 그러나 천하를 호령한 만큼 침실에서도 역시 절대자로 군림하고 있는 황제들과 반대로 그들 위에 군림한 수많은 여인들의 면면을 보고나면 중국 역사에 대해 새로운 이해를 갖게 될 것이다.

궁녀 혹은 자신을 길러준 유모와 성관계를 맺은 황태자, 여동생을 탐한 황제, 한꺼번에 16명의 비빈과 함께 순장된 황제, 아버지의 여자를 취한 황제, 여든을 넘어서까지 남색을 즐긴 여황제……. 황태자들은 이미 사춘기에 접어들기도 전에 체위가 나타난 춘화나 조각상을 통해 황궁의 은밀한 장소에서 '개인교습'을 받았다. 또 유난히도 중국황실에는 성교를 통해 쾌락을 극대화하고 건강을 유지하는 방법을 소설처럼 풀어놓은 방중서들이 많았던 것도 주목할 만한 점이다.

도대체 이처럼 낯 뜨거운 쾌락의 역사는 무엇을 말하고 있을까? 또, 수많은 여인들이 어떻게 황제를 품고자 노력을 했던 것일까? 중국은 하왕조 이후 천 년 가까이 정치적으로는 군주제를 바탕으로 유가사상이 보편화된 사회였다. 유가사상은 수신제가치국평천하修身齊家治國平天下, 즉 자신의 인격수양과 가족의 안위와 평안을 근간으로 삼는다. 가족을 떠받드는 요체는 효孝인데, 효의 시작은 바로 대 잇기를 통한 자손 번창이다. 더욱이 국가권력의 최고정점인 황실의 경우는 오죽했겠는가. 종족 번영과 안녕을 위해 역사적 임무를 수행하는 과정에서 부작용처럼 불거진 것이 바로 이 책에서 낱낱이 밝힌 중국황실의 치명적이면서도 잔혹한 쾌락 혹은 암투의 역사이다.

쾌락에 대한 집착은 결국 권력의 상실로 이어지게 된다는 역사적 진실 역시 쉽게 발견하고 확인할 수 있다. 때문에 은밀한 쾌락의 역사가 곧 거대한 변혁의 회오리를 몰고 오게 되는 것은 어느 시대 어느 나라를 막론하고 관통하는 불변의 법칙이다. 대제국 중국황실의 중심에서 쾌락에 빠진 황제 혹은 황후들은 대부분 내쫓김이나 죽임을 당하곤 한다. 아버지 혹은 어머니, 아들, 혹은 숙부라는 존재는 가장 경계해야 할 잠재적 적이며 질투와 배신은 황실에서 일상다반사였다. 또 황제와 잠자리를 하기 위해 노심초사 밤을 기다리는 비빈들, 황제의 총애를 받기 위해 벌어지는 후궁들의 피비린내 나는 싸움, 아들을 낳으면 죽임을 당하는 황후의 아이러니한 운명, 권력을 놓치고 싶지 않은 과욕이 낳은 근친혼……. 황후는 수없이 간택되고 폐위되기를 반복한다.

그래서 당연하게도 중국 역사상 황후의 수는 황제의 숫자보다 훨씬 많다. 태어날 때부터 권력을 쥐고 나온 황제들과 달리, 후천적인 노력이나 상황에 의해 황후가 된 여인들의 분투기는 놀라움과 함께 애절함까지 보여준다. 물론 화무십일홍이란 말이 무색하게 몇십 년 동안 권력을 장악한 여황후도 있긴 하지만 그녀가 보여준 간계함과 퇴폐적 생활은 가히 명불허전이다. 황실의 은밀한 성 이야기는 권력의 속성은 물론이

거니와 더 심층적으로 들어가면 인간의 내면적 본성이나 본질과 밀접한 관련이 있다.

   중국 황실의 성性 담론을 다룬 이 책의 저자 시앙쓰는 베이징 고궁박물관 연구원 겸 도서관 부관장이며 중국 최고의 황실 역사 전문가이다. 그는 황실관련 기록 속 편린으로 남아있는 성 관련 사료들을 토대로 무한한 역사적 상상력을 발휘해 황실의 성을 자유로운 필치로 그려낸다. 독자들은 황실의 은밀한 스캔들 뒤에 감춰진 인간 본연의 욕망, 권력을 둘러싼 암투를 현재적 관점에서 곱씹을 때 행간에 숨은 뜻을 읽어 낼 수 있을 것이다. 또한 보통 사람들과는 격리된 채 구중궁궐 한복판에서 벌어진 중국황실의 밤의 역사와 여인들의 투쟁사가 역사를 바라보는 우리의 시야를 한 차원 높일 것이다.

차례

Introduce
황제의 막강한 권력, 권력을 사랑한 여인들!　　　　　　　　004

 절대권력 여황제 무측천의 사랑과 증오

황제가 될 운명을 타고난 여자　　　　　　　　　　　　014
아름다운 무미의 담력과 식견　　　　　　　　　　　　018
아버지와 아들의 총애를 모두 받은 무미　　　　　　　　022
피비린내 나는 황후의 길　　　　　　　　　　　　　　026
팔방미인이었던 여황의 재능　　　　　　　　　　　　035
무측천의 무시무시한 수완　　　　　　　　　　　　　039
무수한 남자들을 연인으로 거느린 여황제, 무미　　　　　051
끝까지 권력을 누렸던 여황제 무측천의 말년　　　　　　055

 최고의 권력을 쥐고 세상을 흔들었던 여후

기백만으로 조강지처를 얻은 유방	060
나라를 구하기 위해 팔려나간 공주	066
황후의 자리까지 넘본 야망의 여인, 척부인	068
색정과 야욕의 화신이었던 여인, 여태후	072
여후의 낭만적인 사랑	079
권력의 끝에서 최후를 맞이한 여후	081

 여인들이 철저히 지배한 위나라의 황실

여인들에게 눈이 멀어 어리석은 황태자를 임명하다	086
순조롭지 않은 태자비 선정	092
살인도 마다않는 여인의 질투	099
아들을 낳지 못한 태자비, 아들을 낳은 궁녀	102
정변으로 확대된 여인들의 싸움	106
황궁에서 맞설 자가 없었던 가황후	114
방종한 가황후 집안의 사람들	121
태자를 폐위시켜 평민으로 만들다	126
악의 여인 가남풍의 최후	132

 시녀에게 푹 빠진 명헌종의 생사를 건 사랑

농익은 여체로 유혹하여 태자를 사로잡은 만 씨 136
어린 황제의 성적 본능을 일깨운 만 씨의 교태 138
황제의 아이를 얻은 만귀비의 횡포 142
여인에 눈이 멀어 따라 죽은 황제 146

 황제와 여인들 그리고 내시들

황제가 안심하고 곁에 둘 수 있었던 남자 150
누가 환관이 되는 것인가 154
많은 이들이 꿈꾸던 인기 직업, 환관 158
환관의 수가 넘쳐나던 시대 160
남자도 여자도 아닌 환관이 하는 일 165
환관들의 삶을 들여다보다 168
모욕을 당해도 기뻐해야 하는 운명 175
신체적 불구를 극복한 환관의 여인들 178
거세로도 사라지지 않는 환관의 성욕 181

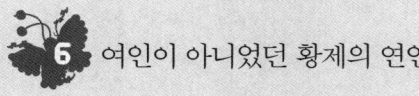 여인이 아니었던 황제의 연인

황제가 사랑한 아름다운 남자　　　　　　　　　　　**188**
나라를 멸망시킨 진시황의 남자　　　　　　　　　　**190**
동성애에 가장 심취했던 한무제　　　　　　　　　　**193**
중국의 소돔과 고모라-명청시대의 동성애　　　　　**196**

절대권력 여황제 무측천의 사랑과 증오

똑똑하고 담력이 컸던 무측천은 계략에 뛰어난 여인이었다. 어머니 양씨가 입궁을 앞둔 무미와 작별 인사를 하며 슬피 울자 열네 살의 무측천은 오히려 침착하고 당찬 모습으로 이렇게 말하며 어머니를 위로했다.
"좋은 일인데 어찌 이리 비통하게 우십니까? 훗날 제가 황후가 될지도 모르잖아요."

황제가 될 운명을 타고난 여자

정관貞觀 4년에 일찍이 수나라 자관령資官令과 당나라 화정령火井令을 지내다 훗날 민가에 은거하며 지내던 관상가 원천강袁天網이 이주利州의 무도독武都督의 집에 도착했다. 병주并州 문수文水 사람인 무도독 무사확武士彠은 정관 원년 12월에 이주의 도독으로 파견되었다. 그런 뒤에 모반을 꾀하다 죽임을 당한 전임 도숙 의안군왕義安群王 이효상李孝常의 남은 무리를 처리하는 일을 맡았다.

관상가인 원천강은 관상을 보는 데 탁월한 식견을 갖춘 사람이었다. 원천강은 우선 도독의 부인인 양 씨를 보고 귀한 아이를 낳을 상이라고 말했다. 이 말을 들은 도독은 원경元慶과 원상元爽 두 아들을 불렀다. 원천강은 아이들을 보자마자 "이 두 아이들은 가문을 지킬 사람으로 3품의 자리까지 오를 수 있을 것입니다."라고 말했다. 도독은 다시 훗날 한국부인韓國夫人이라고 불렸던 무측천의 언니를 불렀다. 도독의 딸을 본 원천강은 "이 아이는 분명 부귀영화를 누릴 것입니다. 하지만 기운이 너무 강하여 남편에게는 오히려 해를 입힐 것입니다."

용의 눈과 봉황의 목을
가진 아이

도독 무사확과 양 씨 그리고 원천강은 모두 의아해 했다. 분명 양 씨가 귀한 자식을 둘 관상을 가졌는데 아이들의 앞날이 고작 이것뿐이란 말인가? 이때, 유모가 남자 아이 옷을 입힌 아이를 안고 나타났다. 아이를 본 원천강은 황급히 말했다. "아이의 표정이 매우 맑은 것 같습니다. 가까이서 아이를 보게 해주십시오." 유모가 아이를 내려놓자 원천강은 침대 앞으로 다가갔다. 가까이서 아이를 들여다본 원천강은 놀라움을 금치 못하며 말했다. "용의 눈과 봉황의 목을 가진 이 아이는 귀한 사람 중에서도 가장 귀한 상을 가졌습니다." 그러다 그는 다시 몸을 돌려 자세히 아이를 관찰하더니 더욱 놀라운 표정으로 말했다. "만약 아이가 여자라면 분명 여황제가 될 것입니다!" 이 아이가 바로 무측천이다.

후세에 전해진 《이순풍원천강추배도李淳風袁天綱推背圖》 중에서 무측천에 관한 예언은 아래와 같다.

일월당공 日月當空, 하늘에서,
조림천하 照臨天下, 천지를 비추네.
박삭미리 撲朔迷離, 흐릿하고 분명하지 않지만,
불문역무 不文亦武, '문文'이 아니라 '무武'임이 분명하네.
참편공오색상공 參遍空五色相空, 하늘에 오색 빛이 널리 퍼지니,
일조중입제왕궁 一朝重入帝王宮,
하루아침에 제왕의 궁에까지 그 빛이 비치는구나.
유기발진근유재 遺枝撥盡根猶在,

갈라지는 그 빛 마치 뿌리가 있는 것 같은데,

악악신계숙시수喔喔晨鷄孰是誰. 꼬끼오 우는 새벽닭이 누구이더냐?

예언 속에는 무측천이 문무를 겸비해 총애를 얻어 천하의 제왕이 될 것이라고 암시되어 있었다. 그리고 여황제가 된 이후 이 씨 자손을 제거했지만 뿌리가 남아 있던 이 씨들이 다시 권력을 회복할 것이라는 내용도 있었다.

《추배도推背圖》중의 수많은 내용들은 이미 역사적으로 증명된 사실이다. 하지만 문제는 이것이 실제로 이순풍이나 원천강 아니면 두 사람의 합작으로 만들어진 것인가 하는 점이다. 아니면 후세의 사람들이 그들의 명의를 도용해 만들어낸 것인가? 어떤 것이 사실인지 정확하게 알 수는 없지만 어쨌든 원천강은 학식이 풍부했고 앞날을 예언하는 데 뛰어났으며 당시 조정 안팎에 명성을 떨치는 기인이었던 것만은 분명하다. 그는 구성궁九成宮에서 태종太宗을 알현했을 때 수많은 대신들의 관상을 봐주며 놀라운 영험함을 보였다. 이에 태종의 총애를 받던 대신 고사렴高士廉이 그에게 다가와 어떤 관직을 맡고 싶은지 물었다. 그러자 그는 "관직을 맡을 수 없습니다."라고 말했다. 놀랍게도 원천강은 그해 4월 세상을 떠났다.

**여주무왕이 천하를
대신할 것이란 예언**

정관 초기에 민간에서는 비기秘記 한 권이 전해지고 있었는데, 그 속에는 "당 3세대 이후, 여주무왕女主武王이 천하를 대신할 것이다!"라는 내용이 담겨 있었다. 이 비기는 암암리에 널리 퍼져 수도의 태사국太史局까지 흘러들어가 태종 이세민李世民에게 보고되었다.

  천하를 군림하던 이세민은 문무에 모두 뛰어난 인물이었다. 하지만 이러한 비기를 전해들은 이세민은 놀라움을 금치 못하고 매우 불안해했다. 이세민은 예언을 믿는 사람이었다. 그가 네 살이 되던 해 어느 관상가가 기주岐州의 이 씨 집안을 방문했다. 그 관상가가 어린 이세민의 얼굴을 보고 황제가 될 상을 가졌다며 스무 살이 되는 해에 반드시 세상을 다스리고 백성을 구제하게 될 것이라고 말했다. 이 말을 들은 아버지 이연李淵은 아이의 이름을 이세민이라고 지었다. 예언대로 된 자신을 보고 예언을 굳게 믿고 있던 이세민은 여주무왕이 천하를 대신한다는 예언을 듣고 긴장할 수밖에 없었다. 사실, 이 여주무왕의 주인공인 무측천은 태종 이세민 때문에 출세하게 된 인물로 당나라에 세 번째 제왕이 나온 이후 천하를 차지하게 된다.

아름다운 무미의 담력과 식견

정관 10년에 장손황후長孫皇后가 세상을 떠났다. 그러자 정관 13년에 태종은 좋은 집안의 재능 있는 여인들을 뽑아 후궁전의 빈자리를 채울 것이라는 조서를 발표했다. 그리고 정관 14년에 뛰어난 재능으로 이름나 있던 호주湖州의 서혜徐惠가 입궁하여 재인이 되었다. 곧이어 정관 15년에 태종은 무사확의 딸이 매우 아름답다는 이야기를 전해 듣고 그 딸을 후궁전으로 불렀다.

당시 무사확의 딸 무 씨는 열네 살이었다. 후궁전에는 미인들로 가득찬 까닭에 입궁한 무 씨는 궁에서 별로 돋보이지 않았다. 무 씨의 이름을 들은 태종은 이름이 우아하지 못하다고 생각하고 무미武媚라는 이름을 하사했지만 이후로는 그녀에게 아무런 관심을 보이지 않았다. 그리고 무미는 상의尙衣, 어복을 담당하던 관직명-옮긴이로 임명되어 부족한 시녀에 충당되었다.

똑똑하고 담력이 컸던 무미는 계략에 뛰어난 여인이었다. 어머니 양楊 씨가 입궁을 앞둔 무미와 작별 인사를 하며 슬피 울자 열네 살의 무미는 오히려 침착하고 당찬 모습으로 이렇게 말하며 어머니를 위로했다. "좋은 일인데 어찌 이리 비통하게 우십니까? 훗날 제가 황후가 될지도 모르잖아요." 이 말을 들은 양 씨는 놀라움을 금치 못했다.

**무미의 채찍, 철퇴,
비수 발언**

입궁한 이후 무미의 심계와 담력은 세 가지 물건으로 사나운 말을 다룬 사건에서 그 빛을 발하게 된다. 이 일에 관해서는 역사서에 다음과 같이 기록하고 있다. '그해 태종은 사나운 말 한 필을 가지고 있었는데 힘이 세고 사나워 누구도 이를 다룰 수 있는 자가 없었다. 이때 무미가 "세 가지 물건만 있으면 제가 그 말을 다룰 수 있습니다. 그것은 채찍과 철퇴, 비수입니다. 말이 말을 듣지 않으면 채찍으로 치고 그래도 말을 듣지 않으면 철퇴로 머리를 치고 그래도 난동을 피우면 비수로 목을 따버리겠습니다"라고 말했다.'

이처럼 무미는 비범한 담력으로 태종의 관심을 끌어 성은을 입게 되었고 결국 재인에 봉해졌다. 재인은 후궁전에서 세 명의 부인, 아홉의 빈, 스물일곱의 세부 중에서 품계가 가장 낮은 지위였다. 재인으로 봉해진 이후에 몇 년 동안 태종은 또 다시 그녀를 거들떠보지도 않았다. 태종은 문무를 겸비한 뛰어난 사람이었기 때문에 자신과 같은 부류의 용감한 사람들을 좋아할 리 없었다. 그는 우아하면서 부드럽고 요염한 여성스러운 여인들을 좋아했다. 이러한 이유로 재녀 서혜가 총애를 얻으면서 무 씨는 무미라는 이름을 하사받는 것에 그쳤다.

하지만 무미는 사나운 말을 다스리는 발언을 한 이후 새로운 사람에게 관심을 받게 되었는데, 그는 바로 심신이 약했던 태자 이치李治였다. 이치는 태자 이승건李承乾이 반역을 꾀한 죄로 폐위된 이후 태자의 자리에 오른 인물이었다. 그는 약한 자신과 대조적인 모습을 가진 비슷한 나이의 무미에게 마음을 빼앗기고 말았다.

정관 22년 여름, 금성이 환하게 비치자 태종 이세민은 태사령 이순풍을 불러 무슨 징조인지 물었다. 그러자 이순풍은 여주女主가 번영한다는 의미라고 대답했다.

줄곧 '여주무왕女主武王'이라는 말에 노심초사하던 이세민은 당혹해 하며 물었다. "비기에 기록된 내용이 사실이란 말이냐?" 이순풍은 "하늘의 현상에 비추어보면 비기의 예언이 이미 실현된 것으로 보입니다. 이 여주는 바로 폐하의 궁 안에 있습니다. 앞으로 30년 안에 이 여인은 천하를 손 안에 넣으며 이 씨 황실 자손들을 거의 다 죽일 것입니다." 이 말을 듣고 식은땀을 흘리던 이세민은 분한 목소리로 말했다. "조금이라도 의심이 가는 자가 있으면 모조리 죽여버리겠네. 자네 생각은 어떠한가?" 이순풍이 대답했다. "이것은 운명이니 어떤 방법으로도 막을 수 없습니다. 그녀의 명이 길기 때문에 그렇게 하면 무고한 사람만 죽고 다치게 될 뿐입니다. 하늘을 보아하니 이 여주에게 이미 대세가 울었습니다. 30년 후에 그녀가 늙게 되면 인자해지게 될 것입니다. 비록 그녀가 국호를 바꾸고 스스로 황제라 칭한다 해도 폐하의 자손들에게 극단적으로 하지 못할 것입니다. 만약 지금 그녀를 죽인다면 그녀가 탁생하여 지금보다 더 젊은 모습이 될 것입니다. 그러다 세력이 성장하게 되면 당나라 황실의 자손들은 모두 죽음을 면치 못하게 될 것이니 더욱 불행한 일이 아니겠습니까?" 이세민은 그의 말이 일리가 있다고 생각했다.

그러나 이세민은 가만히 있을 수가 없었다. 그렇다고 의심이 가는 사람을 모두 죽일 수도 없는 노릇이었다. 그렇다면 누구를 죽일까? 좌무위 장군左武衛將軍 이군선李君羨은 낙주洛州 무안武安 사람으로 형제들 중 다섯째여서 아명이 오낭五娘이었다. 그는 유무주劉武周를 토벌한 적이 있었고 무련현공武連縣公에 봉해졌고 현무문玄武門을 수호하기도 했다. 그의 이력에 무武자가 정말 많지 않은가! 태종은 그를 여주무왕의 원흉이라고 단정 짓고 우선 그를 화주華州 척사刺史로 강등시켜 반역죄로 그를 죽이라는 명을 내렸다고 한다.

아버지와 아들의 총애를 모두 받은 무미

정관 23년 5월, 태종 이세민이 쉰한 살에 병으로 세상을 떠났다. 그리고 태자 이치가 즉위하여 당나라 3대 황제인 당고종이 되었다. 궁중의 관례에 따라 새로 즉위한 황제는 후궁전에 있는 부황의 부인 네 명과 빈 아홉 명 이외에도 그 아래에 스물일곱의 세부와 여든한 명의 어녀들을 모두 감업사感業寺의 비구니로 보내야 했다. 그래서 궁에 있던 미인들은 대거 검은 상복을 입고 모두 감업사로 향해야 했다. 그녀들이 향한 곳은 한 가닥 희망조차 없는 산 무덤이나 다름없는 곳이었기에 그녀들은 자신들의 비참한 운명에 몹시 애통해했다. 무미 역시 이 검은 상복을 입은 대열 속에 있었다. 당시 그녀의 나이는 불과 스물한 살, 한창 때였다. 그녀 또한 마음이 무겁고 침울한 것은 마찬가지였다.

　장안長安에 가을빛이 완연했다. 감업사의 중후한 종소리가 장안성 안에 울려 퍼지고 낙엽이 스산하게 흩날리고 있었다. 절에 정좌하고 있던 비구니들의 마음은 이미 생명 잃은 물과 다름없었다. 적막함 속에 살던 그녀들은 점차 자신의 존재에 대해 무감각해져갔다. 하지만 유일하게 무미만은 그녀들과 달랐다. 가슴속에 사랑받지 못했던 서운함으로 가득 차 있었던 그녀는 몸이 감업사에 매여 있었지만 마음은 언제나 태종의 별묘別廟에 향해 있었다.

감업사는 장안 현성縣城 주작문朱雀門 밖의 서대가西大街의 네 번째 방坊, 골목-옮긴이 즉, 장안의 남동쪽 끝에 위치해 있었다. 이곳은 본래 수나라 신국공申國公 이목李穆의 별장이었는데, 이목이 죽은 뒤 그의 아내가 이곳을 수선승사修善僧寺, 참선하는 절-옮긴이로 바꾸었다. 서西 2가의 네 번째 방은 숭덕방崇德坊으로 제도니사濟度尼寺, 비구니를 구제하는 절-옮긴이가 있었다. 태종의 비빈들을 비구니로 제도하기 위해 숭덕방의 제도니사를 수선승사로 고치고 태종 별묘라 불렀다. 그리고 본래 있던 수선승사를 없앴다. 서쪽에 위치한 숭덕방과 동쪽에 위치한 안업방安業坊은 좌우로 나란히 있었고 그 가운데에 남북으로 난 큰 거리가 있었다. 그래서 고종 이치가 태종의 별묘에 향을 올리러 가려면 반드시 이 감업사를 지나야 했고 이때 멀리서 무미를 볼 수 있었다. 이것은 무미의 한 가닥 희망이었다.

영휘永徽 원년 5월, 태종이 죽은 지 1년째 되던 날이었다. 이날 태종의 별묘에서 향을 올린 뒤 감업사로 향한 고종 이치는 성황 태종의 재인 무미와 눈물로 재회했다. 이 감동적인 장면은 삽시간에 수도 전체로 퍼져 나갔다. 허나 이 소식을 더 빠르고 자세하게 들은 사람이 있으니 고종의 황후인 왕황후였다. 왕황후는 슬픔과 괴로움으로 가득 찼지만 한편으로 좋은 묘책이 떠올랐다. 무미를 이용해 황제의 총애를 독차지하고 있는 소숙비를 제거하겠다는 생각이었다.

**왕황후의 부름으로
고종 품에 안기다**

병주 기지祁地 사람인 왕황후는 위나라 상서 좌부사왕尙書左仆射王 사정思政의 손녀로 명문 귀족 출신이었다. 왕 씨 집안은 당나라 황실과 대대로 혼인관계를 맺어온 집안이었다. 당 고조 이연李淵의 동생인 동안공주同安公主는 수주隋州 척사인 왕유王裕에게 시집갔는데, 이 왕황후가 바로 동안공주의 증손녀였다. 역사에 따르면 조모 동안공주가 정숙하고 착한 왕황후를 진왕晉王의 비로 태종에게 추천했다고 한다. 진왕 이치가 태자 이승건의 뒤를 이어 태자로 즉위한 뒤 왕황후는 태자비로 승격되어 동궁에서 생활했다.

동궁에는 비妃, 양제良娣, 보림宝林의 세 직급을 가진 여인 외에도 수많은 궁녀가 생활했다. 정관 17년에 이치는 태자가 되고 왕황후는 태자비가 되어 이치의 총애를 받았다. 동시에 궁녀인 유劉 씨, 정鄭 씨, 양 씨 등도 황제의 성은을 받고 있었다. 그러다 정관 17년에 유 씨가 연왕燕王 이충李忠을 낳았다. 이듬해에는 정 씨가 원왕原王 이효李孝를 낳았다. 태자비였던 왕황후는 줄곧 아이를 낳지 못해 늘 노심초사하고 있었다. 그나마 다행인 것은 유 씨, 정 씨, 양 씨 모두 궁녀로 어떤 칭호도 없는 사람들이었다. 그러다 정관 22년에 소양제蕭良娣가 허왕許王 이소절李素節을 낳자 왕황후는 불안해서 견딜 수가 없었다. 양제라는 직급은 태자비 바로 아래인데다 소양제는 아름답고 총명하기까지 했고 그녀가 낳은 황자도 몹시 똑똑했다. 게다가 유 씨, 정 씨, 양 씨와 달리 소양제는 황제의 총애를 한 몸에 받고 있었다. 이치가 황제로 즉위하면서 태자비였던 왕황후는 황후의 자리에 올랐다. 또한 소양제는 일약 황후 바로 아래인 숙비의 자리에 올랐다. 이렇게 아들을 낳은데다 아름답기까지 한 소숙비는 왕황후에게 가장 위협적인 존재였기 때문에 왕황후는 줄곧 불안에 떨어야 했다.

그러던 중 감업사에서 황제가 무미를 끌어안고 울었다는 소식을 듣게 된 것이다. 큰 죄임에도 불구하고 황제와 비구니가 끌어안는 장면이 연출된 것을 보면 두 사람의 감정이 얼마나 애틋한지 짐작할 수 있었다. 왕황후는 무미를 끌어들여 소숙비와 경쟁시키고 자신이 가만히 앉아 결과를 지켜보기만 하면 됐다. 감업사에서 무미를 데려오면 황제와 무미 그리고 자신에게 모두 좋은 일이지 않는가? 게다가 소숙비까지 처리할 수 있으니 일거양득이었다.

왕황후는 자신의 계략이 완벽하다고 생각했지만 사실 이 일로 최후의 승자가 된 사람은 무미였고 가장 비참한 최후를 맞이한 사람은 다름 아닌 왕황후였다. 소숙비 역시 처참하게 죽임을 당하고 그녀의 가족들도 모두 유배를 떠났다. 고종과 서로 끌어안고 눈물로 재회한 뒤 열 달을 더 보낸 무미는 왕황후의 부름으로 다시 궁에 돌아왔다. 이 소식을 들은 이치는 매우 기뻐하며 왕황후에게 감사의 뜻을 전하고 즉시 부황의 재인이었던 무미를 차지했다. 그날 이후 이치는 요염한 무미에게 빠져 밤낮으로 그녀 곁에 머무르며 오직 무미만을 총애했다. 이로 인해 소숙비는 크게 상심하여 밤마다 눈물로 지새웠다.

피비린내 나는 황후의 길

다시 궁으로 돌아온 무미는 왕황후에게 늘 겸손한 태도를 보였지만 사실 이것은 무미의 계략에 지나지 않았다. 이를 증명하듯 '무재인은 심계에 능하며 무궁무진한 모략을 지녔다.'라는 역사 기록이 있기도 하다. 무미는 아첨하고 비위를 맞추며 왕황후를 받들었다. 무미가 낮은 자세로 왕황후를 공손히 받든 것은 왕황후가 이용 가치가 있다는 것을 알았기 때문이었다. 천성이 정직하던 왕황후가 이러한 사실을 알 리 만무했다. 그녀는 무미를 경계하기는커녕 오히려 무미를 칭찬하여 쉽게 소의에 봉해지도록 도와준 셈이었다. 소숙비를 압박하던 왕황후는 자신이 늑대를 피하려다 호랑이를 불러들인 셈이 됐다는 것을 알지 못했다. 결국 왕황후는 호랑이를 불러들인 대가를 혹독히 치르게 되었다.

  무미가 소의에 봉해졌을 때는 이미 두 아들을 낳은 뒤였다. 한 명은 영휘 3년에 태어난 황오자 이홍이었고 한 명은 영휘 5년에 태어난 황육자 이현이었다. 이현이 태어난 후 무미가 소의로 책봉된 것이었다. 소의는 아홉 명의 빈嬪 중에서 가장 높은 직급으로 후궁전에서 황후와 귀비

다음으로 높은 지위였다. 당시 후궁전에는 황후와 소숙비가 가장 높은 직급이었으니 무미는 후궁전에서 세 번째로 높은 위치에 오른 것이었다. 황제의 변함없는 총애를 받고 있는 무미 곁에 그녀의 두 아들이 놀고 있는 모습을 보면서 왕황후는 그제야 번쩍 정신이 들었다. '이미 완벽하게 처리했으니 소숙비는 더 이상 위협적인 존재가 아니다. 가장 위험한 사람은 바로 황제께서 푹 빠져 있는 무미로구나!' 그리하여 왕황후는 소숙비와 손을 잡게 되었다.

호랑이를 불러들인 왕황후

하지만 왕황후와 소숙비가 무소의의 상대나 될 수 있었을까? 당시 무미는 젊었지만 이미 태종의 후궁전에서 8년 동안 지내면서 비밀리에 많은 사람들을 자신의 편으로 만들어놓았다. 게다가 무미는 태종의 총애를 받던 여류 시인인 재녀 서혜 때문에 역사 공부를 하면서 역사에 관한 지식도 풍부하게 갖추고 있었다. 이처럼 여러 가지 경험을 두루 섭렵한 무미와 명문가에서 태어나 온실에서 자란 왕황후와 소숙비는 적수가 되지 않았다.

왕황후는 무미의 운명을 바꾸어준 사람이 바로 자신이라고 생각했다. 그래서 무미가 감사한 마음으로 자신에게 순종하는 것이 당연하다고 생각했다. 무미 또한 왕황후에게 은혜를 입은 것 때문에 마음의 갈등을 겪으며 참을 수 없는 고통을 겪었다. 그녀는 입버릇처럼 "작은 은혜에도 크게 보답해야 한다."라고 말했다. 왕황후의 바다와 같은 은혜를 어떻게 보답해야 할까? 하지만 두려운 사실은 이미 총애를 받는 몸이라 도처에 위기가 도사리고 있다는 점이었다. 그래서 작은 변고라도 생기는 날에는 목숨까지 위태로울 수 있었다. 어떻게 하면 확실하게 자리를 지키고 황제의 총애를 유지할 수 있을까? 유일한 방법은 자신이 황후의 자리에 오르고 아들을 태자로 만드는 것뿐이었다. 무미는 은혜에 보답하는 일 따위는 잊기로 했다. 인정에 끌리는 마음으로는 큰일을 할 수 없었기에 독하게 마음먹기로 결심했다. 그리고 너그러우면서도 식견이 좁아 다른 사람들에게 쉽게 영향을 받는 고종 이치를 잘 이용하면 일은 순조롭게 될 것이었다.

고종은 소의 무미를 변함없이 총애하며 무 씨 일가에 은혜를 베풀었다. 이미 고인이 된 무미의 아버지를 태원군공太原郡公으로 어머니 양 씨는 태원군군太原郡君으로 봉했다. 게다가 장안성 내에 있는 관저를 무 씨 일가에 하사했으며 그 일가 사람들에게 관직도 내렸다. 무미는 고종이 자신에게 푹 빠져 지내도록 노력했다. 동시에 은밀히 궁 안의 여러 사람들과 교류하면서 왕황후와 소숙비의 행동을 몰래 관찰했다. 그러면서 분노에 차 자신을 매도하는 두 사람의 행동을 고종에게 사사건건 일러바쳤고, 그 결과 고종은 점차 왕황후에게 불만을 품었다.

**황후 자리에
눈먼 무미**

얼마 후 무미는 딸을 낳았다. 눈처럼 하얗디하얀 피부를 가진 통통하고 귀여운 딸은 고종의 사랑을 한 몸에 받았다. 이때 조정 안팎에서는 왕황후의 폐위가 머지않았음을 눈치채고 있었다. 무미가 자신의 딸을 죽이고 그 죄를 왕황후에게 뒤집어씌우면서 왕황후의 폐위는 현실화되었다. 이 일은 후궁전에서부터 조정에까지 영향을 미쳤다. 후궁전의 후족, 비빈, 궁녀와 조정의 수많은 중신들에게까지 피바람이 불었다. 이 모든 것의 중심에는 소의 무미가 있었다. 그녀는 이번 사건의 유일한 수혜자이자 승리자였다.

왕황후의 폐위는 왕황후의 어머니 류柳 씨가 불러온 것이었다. 류 씨는 황제의 총애만 믿고 제멋대로 날뛰는 무미와 그녀로 인해 뒷방 신세가 되어버린 딸을 안타깝게 지켜보다 결국 주술로 무미에게 저주를 퍼부었다. 무고巫蠱로 남을 해치려는 것은 한대漢代 이후 황실의 금기사항이었다. 이 사실을 알게 된 무미는 류 씨를 궁에서 내쫓아 다시는 돌아오지 못하도록 하고 중서령中書令 류석柳奭을 영주榮州 척사로 강등시키자는 상소를 고종에게 올렸다. 이렇게 왕황후를 폐위시키고 무미를 황후의 자리에 올리는 문제로 마찰이 끊이지 않으면서 조정은 두 파로 갈라졌다.

한 파는 조정의 원로들로 구성되어 왕황후의 폐위와 무미의 황후 책봉을 반대했다. 관롱집단關隴集團이라고도 불리는 이들은 조정의 원로 중신인 장손무기長孫無忌, 저수량褚遂良, 우지녕于志寧, 래제來濟, 배행검裴行儉 등을 주축으로 구성되었는데, 문벌귀족의 전폭적인 지지를 받으며 당나라 이 씨 왕조의 정통을 보호하려고 노력했다. 또 다른 한 파는 산동집단山東集團이라 불렸다. 이렇다 할 배경은 없지만 재능이 뛰어난 신흥 세력들로 계급에 엄격한 문벌귀족에게 반감을 품으며 무미의 황후 책봉을 지지했다. 이의부李義府, 허경종許敬宗, 원공유袁公瑜, 최의현崔義玄 등을 중심으로 하는 그들은 가난한 선비들의 지지를 받았다. 이후 그들이 권력과 명예를 갈구하면서 다시 두 파로 나눠지기도 했다.

반대파는 그 이유가 충분하고 정당했다. 왕황후를 황후로 여기는 것은 나라를 고종에게 맡긴 선황의 뜻과 같으니 선황의 명을 받드는 대신들에게는 이를 지키고 보호해야 할 책임이 있었다. 그러나 무미는 과거 선황의 후궁전에 있었던 신분으로 새로운 황제에게 성은을 입은 것만으로도 이미 과분한데, 선황의 재인으로서 황후의 자리까지 넘보는 것은 있을 수 없었다. 게다가 큰 잘못 없이 국모인 황후를 폐위시킬 수는 없었다. 또 공개적으로 밝힐 수 없는 이유도 한 가지 더 있었다. 태종이 줄곧 근심하며 잠 못 이루던 '여주무왕이 천하를 대신한다'는 비기 때문이었다. 그들의 상황에서 본다면 비기에서 말한 무왕이 무미가 될 수도 있으니 말이다. 중신들 중 그 비기의 내용을 아는 사람들은 모두 불안에 떨고 있었다.

왕황후를 폐위시키기 위한 계략

무미의 황후 책봉을 찬성하던 파는 중서사인中書舍人 왕덕검王德儉이 나서서 만들어진 것이었다. 무미를 황후로 책봉하고 싶은 고종의 마음을 알아차린 왕덕검은 이의부 등에게 이 사실을 알린 뒤 그들과 의기투합했다. 그리하여 뜻을 함께하기로 한 그들이 모두 무미의 황후 책봉을 건의하기에 이른 것이다. 무미 또한 자신을 지지하는 혈기왕성한 젊은 세력과 손을 잡는 데 망설이지 않았다. 이후 그들은 무미 주위에서 북문학사北門學士라는 하나의 집단을 형성하며 그 집단의 핵심이 되었다.

서로 첨예하게 대립하던 두 파가 한 치의 양보도 하지 않자 고종은 난처했다. 사실, 왕황후를 폐위하고 무미를 황후로 만드는 일의 핵심적인 관건은 바로 태위 장손무기, 우부사 저수량, 시중 래제, 중서령 한애 이 네 사람이었다. 무미 역시 지금이 가장 중요한 시기임을 잘 알고 있었다. 그들을 심리적으로 안정시키며 작위를 내리고 금은보화를 하사한다면 그들이 침묵해줄지도 모를 일이었다. 그래서 고종과 무미는 핵심인물인 장손무기에게 먼저 그 방법을 시도해보고 결과를 지켜보기로 했다. 고종과 무미는 우선 장손무기의 집에 마차 열 대에 달하는 많은 예물과 보석을 보낸 뒤 그가 어여삐 여기는 아들을 조산대부朝散大夫로 임명했다. 그러고 나서 고종은 장손무기와 술자리를 가졌다. 취기가 올랐을 즈음 고종은 황후에게 아들이 없는데다 황후가 천성적으로 인자함이 부족하고 질투심까지 많다며 왕황후를 폐위시키고 싶다는 뜻을 내비추었다. 그러자 장손무기는 일부러 말을 돌리며 대답을 회피했고 결국 두 사람은 불쾌한 기분으로 헤어졌다.

무미는 최후의 수단으로 살인이라는 극단적인 방법을 썼다. 바로 자신의 딸을 죽여 그 죄를 왕황후에게 뒤집어씌우는 것이었다. 무미가 직접 딸을 죽인 사건은 역사에 자세하게 기록되어 있었다. 소의 무미가 딸을 낳자 왕황후가 잠시 들러 그 딸을 보고 갔다고 한다. 이때 무미가 몰래 딸을 죽이고 다시 이불 위에 눕혀놓았다. 황제가 왔을 때 무미는 평소와 다름없는 모습으로 고종과 웃으며 이야기를 나눴다. 그러다 이불을 들쳐본 무미는 죽은 딸을 발견하고 깜짝 놀라며 황급히 시녀를 불렀다. "방금 누가 다녀갔느냐?" 시녀는 왕황후라고 대답했다. 무미는 대성통곡했다. 진실을 알지 못했던 황제는 대노하여 "황후가 내 딸을 죽였단 말인가! 그렇게 무소의를 괴롭히더니 결국 이런 일이!" 그날 이후 무미에 대한 황제의 총애는 나날이 깊어졌다. 반면 황제는 왕황후를 폐위시키고 싶어 했다. 이후 황제가 무미를 신비宸妃로 책봉하려 하자 시중 한

애 등이 이를 반대하고 나섰다. 그러다 무미가 무고를 행했다며 왕황후와 왕황후의 어머니를 모함하자 황제가 왕황후를 폐위하기에 이른 것이다. 하지만 황후를 폐위한 뒤에도 잡음이 끊이지 않았다.

**무소의에 관한
끊이지 않는 상주문**

왕황후 폐위를 반대하던 장손무기 일파는 결코 타협하려 하지 않았다. 이러지도 저러지도 못하던 고종 이치와 무미는 마지막 카드를 내밀 수밖에 없었다. 반대파인 장안령 배행검을 쫓아내고 찬성파인 중서사인 이의부를 중서시랑으로 승급시켜 조정에 참여하도록 했다. 그 뒤, 고종은 내전에서 장손무기, 저수량, 우지녕, 이적勣 네 명의 원로대신들을 접견했다.

장손무기, 저수량, 우지녕은 황제의 부름을 받고 내전으로 들었고 이적은 병을 핑계로 참석하지 않았다. 고종은 단도직입적으로 말했다. "무소의에게 아들이 있으니 짐은 그녀를 황후로 책봉하고 싶습니다. 대신들의 생각은 어떠한지요?" 저수량이 대답했다. "황후는 명문가 자제이십니다. 선제께서 폐하를 위해 심사숙고하여 배필을 정해주셨습니다. 선제께서는 임종 직전에 폐하의 손을 잡으며 저에게 말씀하셨습니다. '자네들에게 이 멋진 부부를 잘 부탁하네. 큰 잘못을 저지르지 않는 한 왕황후를 폐위시키는 일은 없도록 하게.'" 고종은 아무 말도 할 수 없었다. 선황의 유언이 귓가에 맴도는 것 같아 대신들에게 맞설 수 없었다.

다음날, 고종은 다시 원로대신들을 불렀다. 저수량은 "폐하께서 꼭 황후를 바꾸고자 하신다면 다른 사람으로 바꿀 수 있는데 어찌 무소의만을 고집하십니까? 무소의가 선황을 받들던 사람인 것은 모든 사람들이 다 아는 사실이니, 후세 사람들이 폐하를 어찌 생각하겠습니까? 폐하의 뜻을 거역하였으니 이 몸 죽어 마땅합니다. 처분을 내려주시옵소서." 황제를 호되게 꾸짖은 저수량은 관복을 계단에 놓고 머리를 조아리고 피를 흘리며 말했다. "이 관복을 황제께 돌려드리니 퇴직할 수 있도록 해 주시옵소서." 저수량이 그 자리에서 관직까지 내놓으며 황제에게 충고한 것이었다. 화가 머리끝까지 난 고종은 저수량을 끌고 가라 분부했다. 이에 장손무기가 황급히 말했다. "저수량은 선황의 고명대신이으로 형을 내릴 수 없습니다." 뒤에 몸을 숨기고 이 모든 이야기를 듣고 있던 무미는 분에 찬 목소리로 말했다. "어찌 저놈을 죽이지 못한단 말인가!"

조정의 분위기가 급변하자 한애가 즉각 상주문을 올렸다. '미인 달기妲己, 은나라 주왕의 비-옮긴이가 은상殷商, 중국 고대 왕조의 하나-옮긴이을 무너뜨리고 미인 포사襃姒가 주周왕조를 멸망시켰습니다. 황제께서 저의 권고를 듣지 않으신다면 상상할 수 없는 결과를 초래할 것입니다.' 내제 또한 상주문을 올렸다. '주상께서 황후를 책봉하는 것은 아내를 고르는 것입니다. 백성들의 본보기가 되는 국모는 예법과 도덕에 걸맞은 명문가에서 골라야 합니다. 이를 무시하고 노비를 황후로 삼은 한성제漢成帝는 결국 나라를 위기에 빠트리고 말았습니다.' 이처럼 반대파의 상주문이 끊이지 않고 계속되었다.

양측은 첨예하게 대립하며 자신들의 입장을 확실히 밝혔다. 이상하게도 원로대신들 중 유일하게 이적만이 시종일관 아무런 발언도 하지 않았다. 이를 이상하게 여긴 고종은 이적을 접견하여 그 연유를 물었다. 이적이 대답했다. "이것은 폐하의 가정사인데 어찌 다른 사람에게 의견을 물으시는지요?" 예상치 못한 대답에 고종은 놀라움을 금치 못했다. 그의 말이 무슨 뜻인지 알아챈 무미는 즉시 허경종에게 분부를 내려 "풍작을 거둔 농부들도 모두 부인을 바꾸고 싶어하는데 하물며 황제께서 새 황후를 들이고자 하는 것이 무슨 문제가 된단 말인가?"라는 말을 퍼트리게 했다.

**독살죄로 왕황후와
소숙비 폐위**

이후 상황은 하강 국면으로 접어들면서 저수량은 강등되어 담주譚州로 쫓겨났다. 죽은 무미의 딸은 이후 안정공주安定公主로 봉해졌다. 이어 고종은 무미의 딸을 독살한 죄로 왕황후와 소숙비를 서인으로 폐위시켰다. 무미를 지지하던 일파는 이 틈을 노려 무미를 황후로 올리자는 상주문을 연이어 올렸다. 그리하여 고종은 무미를 황후로 책봉한다는 어지를 발표하기에 이른다.

영휘 6년 11월에 고종 이치는 조정에 나와 이적과 우지녕을 각각 황후 책봉의 총책임자와 부책임자로 임명하고 무미의 황후 책봉식을 거행했다. 문무백관들과 주변국의 수장들은 숙의문肅義門에서 황후에게 축하 인사를 전하고 '황후천세'를 세 번 외쳤다. 내외명부 또한 모두 황후를 알현하고 축하 인사를 건넸다. 중국 역사에서 백관과 황제의 비빈들이 황후를 알현하는 관례는 이때부터 시작되었다. 다음해 1월, 태자 이충이 폐위되어 양왕梁王으로 강등되고 무미의 아들 이홍이 태자로 책립됐다. 이렇게 무미 무측천은 재인의 신분에서 소의를 거쳐 황후의 자리에까지 오르며 아들을 태자로 만드는 등 모든 꿈을 이루었다.

팔방미인이었던 여황의 재능

현경顯慶 5년660년 10월, 고종 이치는 병에 걸려 앞을 잘 볼 수 없는 까닭에 병상에만 누워 지내야 했다. 그래서 그는 조정 문무백관들의 상주문을 모두 무측천에게 넘겨 처리하도록 했다. 이는 무측천이 정식으로 조정에 참여한 첫 번째 사건이었다. 무측천은 매우 총명했기에 조정에 올라오는 상주문을 대략 이해했다. 게다가 문사와 경전을 읽었고 서예 솜씨도 뛰어나 글을 멋지게 썼기 때문에 고종의 깊은 총애를 받았다. 천성이 유약한 고종과 달리 무측천은 과감하게 일을 처리했다. 논리정연한 무측천의 모습에 고종도 매우 만족했다.

홍도弘道 원년683년 12월에 고종이 세상을 떠났다. 황태자였던 무측천의 셋째 아들 영왕英王 이철李哲이 황제로 즉위했는데, 그가 바로 당중종中宗이다. 그리고 황태후가 된 무측천이 조정 전체를 장악하고 있었다. 두 달 후에 무측천은 중종 이철을 여릉왕廬陵王으로 폐위시키고 넷째 아들 예왕豫王 이단李旦을 황제로 즉위시켰는데, 그가 바로 당예종睿宗이다. 예종은 조정에서 손을 뗀 채 종일 별전에 머물렀다. 조정은 오직 무측천의 결정에 따라 좌지우지됐다. 무측천은 황제 이단을 포함해 모든 아들은 심궁에 유폐시켰는데, 무려 10여 년 동안 집 밖에 나오지 못한 아들도 있었다. 대권을 독점한 무측천은 점차 욕망을 드러내기 시작하며 동도東都를 신주神州로 바꿔 무 씨 7묘廟를 세웠다.

태평성대 누린 여황 천하

무측천이 이 씨 천하를 무 씨 천하로 바꾸면서 당 종실 사람들은 자연히 위기에 몰렸다. 무측천은 재위 16년만인 신용神龍 원년705년 11월에 상양궁上陽宮에서 여든두 살의 나이로 생을 마쳤다. 탁월한 정치가였던 무측천은 뛰어난 여황제였다. 그녀가 재위한 동안 정치가 안정되었고 경제가 번영하여 나라는 태평성세를 누렸다. 영휘 3년652년에 380만 명이었던 전국 인구가 무측천이 세상을 떠난 때는 615만 명에 달했다. 무측천은 세밀한 부분까지 귀기울이며 조정을 돌보고 인재를 중용하여 천하를 다스린 결과 뛰어난 성공을 거두었다.

무측천은 심계가 뛰어난 여인이었다. 열네 살에 입궁한 그녀는 서른 두 살에 황후의 자리에 올라 18년 동안 노력한 끝에 후궁전의 많은 사람들을 자신의 사람으로 만들었다. 시종들에게 후한 상금을 내려 궁에 있는 시종들에게 극진한 추대를 받은 무측천은 고종 이치와 왕황후의 일거수일투족을 훤히 꿰뚫어볼 수 있었다. 이리하여 지피지기면 백전백승이라는 결과를 얻게 된 것이다.

무측천은 자신을 반대하던 사람들을 냉혹하게 처리했다. 우선 황제의 친인척인 당나라 종실 사람들을 수백 명이나 죽였다. 죽임을 당한 대신들은 백 명에 달했고 죽어나간 척사, 낭장郎將 이하의 사람들은 그 수를 헤아릴 수 없을 정도로 많았다. 신하들의 배신을 가장 용납할 수 없었던 무측천은 사방에다 첩자를 풀어 놓고 동태를 살피도록 했다. 첩자 노릇을 하며 가혹한 일을 일삼던 상서도사尙書都事 주흥, 내준신 등은 무측천의 극진한 총애를 받고 있었다. 이렇게 조정에 공포 분위기가 조성되자 백관들은 함부로 말을 꺼낼 수 없었다. 심지어 관리들은 조례에 참석할 때마다 가족들과 작별인사를 나누며 "다시 돌아올 수 있을지 모르겠소."라고 말할 정도였다.

**다방면의 인재
고루 등용**

무측천은 가혹한 관리들을 중용해 강압적인 통치를 하며 반대파를 숙청하는 동시에 다방면의 인재를 고루 등용하여 새로운 왕조의 통치 효율을 높였다. 무측천은 인재를 긁어모으기 위해 전력을 다했다. 수공垂拱 원년685년에 무측천은 관리 채용을 위해 재능 있는 백성들과 9품 이상의 관리들이 스스로 자신을 추천할 수 있도록 했다. 인재 채용의 가장 중요한 방법으로는 과거 시험이 있었는데, 원외관員外官과 무과武科 등을 설립해 시험으로 인재를 선발했다. 이리하여 무측천 집정 기간 동안 조정에는 인재들로 가득했다.

진보적인 황제였던 무측천은 남의 충고를 잘 받아들였다. 구시久視 원년700년에 일흔일곱 살이었던 무측천은 식지 않는 춘정을 유지하며 수많은 미소년들을 선발해 함께 잠자리를 했다. 그러자 우보궐右補闕 주경측朱敬則이 이에 대해 간언을 했다. "폐하께 총애를 받고 있는 장역지張易之,

장창종張昌宗 형제만으로 충분하니 더 이상 미소년들을 뽑지 말아주시옵소서." 이 말을 들은 무측천은 미소를 지어 보였다. 그리고 비단 백 필을 하사하며 주경측의 충언을 칭찬했다.

　국고가 넉넉해지자 혈기왕성한 무측천은 흥청망청 돈을 쓰며 대규모 토목공사를 벌였다. 그녀는 수공 4년688년에 건원전乾元殿을 허물고 명당明堂, 황제가 예를 행하고 전례를 베풀던 곳-옮긴이을 새롭게 건설하면서 정부情夫인 설회의薛懷義에게 관리감독을 맡겼는데, 이 공사를 위해 공인 수만 명이 동원되어 밤낮으로 일했다. 이 명당은 높이가 약 72m에 넓이가 약 90㎡에 달하는 3층 건물로 만상신궁萬象神宮으로 불렸다. 명당의 북쪽에는 다섯 계단의 천당을 만들어 큰 상像들을 놓아두었다. 천당은 명당보다 높아 세 번째 계단에서는 명당 전체가 훤히 내려다보였다. 천당이 막 완성되었을 쯤에 뜻밖에 바람이 불어 천당이 무너지고 말았다. 무측천이 담담하게 한 번 웃고는 다시 건설하라는 명을 내리자 하루에 만 명이 동원되어 목재를 채벌했다. 또한 무측천은 명당 바닥에다 17m 깊이의 구멍을 뚫어 오색비단으로 장식된 궁전을 만들고 내부에는 생동감 넘치는 수많은 불상들을 놓아두었다. 게다가 수시로 지하에서 흰 연기들이 올라와 마치 그곳이 인간 세상에 있는 선경처럼 보였다.

무측천의 무시무시한 수완

무측천이 황후로 즉위한 이후 그녀의 권위는 나날이 굳건해져 갔다. 왕황후와 소숙비는 폐위된 이후 후궁전의 어느 밀실에 갇혀 있었다. 사방이 높은 벽으로 둘러싸여 창문 하나 없는 밀실에는 음식을 넣기 위한 작은 구멍 하나가 뚫려 있을 뿐 사방이 막혀 있었다. 문 밖에는 무측천이 보낸 사람들이 그들을 감시하고 있었다. 그곳에 갇혀 있던 왕황후와 소숙비는 하루 종일 한 줄기 빛조차 보지 못하고 하염없이 눈물만 흘리며 비통함을 하소연하며 지냈다.

어느 날 고종은 문득 폐위된 왕황후와 소숙비가 떠올랐고 한때 사랑했던 여인들이 어떻게 지내는지 궁금했다. 태감의 안내로 고종이 밀실에 도착했다. 그곳의 문은 모두 굳게 닫혀 있었고 문에는 음식을 넣는 작은 구멍밖에 없었다. 이를 본 고종은 몹시 가슴 아파하며 한 발짝 다가가 큰 소리로 말했다. "왕황후, 소숙비 잘 있는가? 자네들 어디에 있는가?" 황제의 음성을 들은 왕황후와 소숙비는 벅차오르는 기쁨에 눈물을 쏟아내며 제대로 말을 할 수가 없었다. "저희들은 이미 폐위되어 시녀의 신분인데 어찌 왕황후와 소숙비라 부르시는지요!" 오열하던 두 사람은 다시 말을 이었다. "폐하께서 옛정을 생각하신다면 저희가 다시 하늘을 볼 수 있도록 허락해주시옵소서." 마음 아파하던 고종은 눈물을 흘리며 대답했다. "내게 방법이 있다."

밀실에서 죽어간
왕황후와 소숙비

이 이야기는 곧장 무측천의 귀에 들어갔다. 그리고 고종이 그곳을 떠나자마자 곧바로 사람을 보내 피범벅이 되도록 왕황후와 소숙비를 각각 백 대씩 때리도록 했다. 그런 다음 두 사람의 손발을 잘라 술독에 집어넣어버렸다. 무측천은 분노에 찬 목소리로 말했다. "저 두 사람의 뼈까지 흠뻑 취하도록 하라!" 며칠 후에 술독을 들여다보니 두 사람은 눈이 빨갛게 충혈됐지만 여전히 살아 있었다. 무측천은 고종을 졸라 두 사람에게 독약을 내리도록 했다. 집행관이 어명을 받들고 밀실로 들어와 황제가 내린 조서를 낭독했다. 왕황후는 붉게 충혈된 두 눈을 번쩍 뜨고 어명을 받들며 말했다. "폐하 만세, 소의가 성은을 입으니 결국 나는 죽는구나!" 다음은 소숙비 차례였다. 어명을 들은 소숙비는 욕을 퍼부었다. "여우 같은 무미, 악독한 것 같으니! 내 죽은 뒤에 고양이로 다시 태어나 쥐로 태어난 너의 목을 물어뜯어 원수를 갚을 것이다!" 소숙비의 저주를 전해 들은 무측천은 불안한 마음에 육궁에서 고양이를 키우지 못하도록 분부했다.

무측천은 꿈에서 머리를 산발하고 피를 흘리며 자신에게 다가오는 두 사람을 자주 보았다. 두 사람을 여전히 증오하던 무측천은 귀신을 쫓아내는 주술을 행하기도 했다. 얼마 후 그녀가 봉래궁蓬萊宮으로 거처를 옮겼지만 여전히 꿈에 두 사람이 나타났다. 이후 낙양으로 거처를 옮긴 무측천은 죽을 때까지 장안으로 돌아오지 않았다. 두 사람을 몹시 증오하던 무측천은 왕황후를 망蟒 씨로, 소숙비를 효梟 씨로 바꾸도록 분부했다.

무측천은 재인에서 한 단계 한 단계 신분 상승하다 마침내 여황제의 자리에 올랐는데, 이것은 좋은 기회를 많이 만난 덕분이었다. 그녀는 기회를 잡을 때마다 과감하고 용감하게 행동했다. 그녀는 어떤 운명도 믿지 않았다. 그녀는 여주무왕의 비기나 자신이 귀한 관상을 가졌다는 사실을 알지 못한 채 노력 하나만 믿고 앞을 향해 나아갔다. 천수天授 2년, 나라 이름을 대주大周로 고치고 자신을 황제라 칭한 지 2년째 되던 해였다. 정관 22년에 태종 이세민에 의해 억울하게 죽임을 당했던 이오낭李五娘의 가족들이 정식으로 무측천에게 억울함을 호소했다. 이오낭은 여주무왕이라는 예언 때문에 화근을 없애려던 태종이 죽인 사람이었다. 무측천을 대신해 억울하게 죽은 셈이었다. 무측천은 이를 매우 이상하게 여기며 사건을 조사하도록 분부했다. 여주무왕에 관한 비기는 태사령太史令에 보관되어 있었고 당시 그리고 이후에도 이 일에 관해 알고 있던 사람은 오직 태종, 이순풍 그리고 몇몇 원로대신들뿐이었다. 민가에서 전해지는 소문은 소문일 뿐 그것을 기록하는 사람은 아무도 없었다. 때문에 비기를 본 무측천은 비로소 운명을 믿었다. 사람이 계획해도 그 결과는 모두 하늘의 뜻에 달렸다는 사실을 말이다. 이 모든 것이 하늘의 뜻이 아니고 무엇이겠는가? 무측천은 즉시 이오낭의 누명을 벗겨주고 관직을 회복시켜 다시 성대한 장례를 치러주었다.

처음 황후가 되었을 때만 해도 무측천은 자신의 위치에 만족해했다. 하지만 우연한 기회에 정사에 관여하게 되면서 그녀는 여황제의 자리까지 노리게 됐다. 그래서 그녀는 반드시 아들을 낳고야 말겠다는 결심을 하기에 이르렀다. 황후로 책봉된 이듬해인 현경顯慶 원년656년에 아들을 낳았고 용삭 2년에 또 아들을 낳았다. 1년 뒤인 인덕麟德 원년에 그녀와 꼭 닮은 태평공주를 낳았다. 정관 2년에 태어난 무측천은 인덕 원년에 서른여섯 살이었다. 다양한 경험을 쌓은 그녀는 기회가 오면 과감하게 행동해 누구보다도 눈에 띄는 존재였다.

현경 5년 가을, 소정방蘇定方이 백제 토벌에 나서 대승을 거두고 돌아오자 축하 편지가 산더미처럼 쌓였다. 당시 고종 이치는 병이 악화되어 글을 읽을 수 없는 지경까지 이르렀다. 그래서 고종은 자신이 처리해야 할 상주문들을 모두 서른세 살의 황후 무측천에게 넘겨주며 그녀가 판단하고 처리하도록 허락했다. 무측천은 명석하며 역사를 두루 알고 있고 일처리 능력도 뛰어나 그 일의 적임자였던 것이다. 이때부터 대 당나라 왕조는 다사다난한 길에 접어들었다.

**태자 이충 폐위,
자신의 아들을 태자로**

정사를 잘 돌보는 무측천의 모습에 조정 대신들은 점차 그녀를 따르기 시작했다. 이를 기회로 삼은 무측천은 안으로는 심복을 만들고 밖으로는 이의부와 허경종과 손을 잡고 놀랄 만한 큰 사건들을 만들어 냈다. 태자 이충을 폐위시키고 자신의 아들 이홍을 태자로 옹립한 일과 고인이 된 자신의 아버지 무사확을 주국공에 봉하고 왕황후의 외삼촌인 류석을 죽인 일이었다. 무측천은 장손무기와 폐태자가 역모를 꾸몄다고 모함한 뒤 그들을 죽일 것을 청했다. 이에 고종은 자신에게 은혜를 베푼 외삼촌을 죽일 수 없다며 머뭇거렸다. 결국 장손무기는 죽음을 겨우 면하고 검주黔州로 쫓겨났다. 검주에 도착한 장손무기는 무측천이 보낸 사람들에게 자살을 강요받아 결국 세상을 떠났다.

무측천의 이러한 행동들에 조정 안팎의 모든 백관들은 눈치만 살피다가 결국 하나둘씩 무측천을 따랐다. 하지만 그녀는 여전히 악몽에 시달리며 불안에 떨고 있었다. 그래서 꿈속에 나타나는 귀신들을 쫓기 위해 도사 곽행郭行을 불러들이기도 했다. 한편, 황후 무측천이 권력을 제멋대로 휘두르자 자연히 대신들은 불만을 품었다. 그들은 비밀리에 동맹을 맺어 그녀를 폐위시키고 새로운 황후를 세울 준비를 했다. 황후 무측천이 서른여섯에 태평공주를 낳은 해였다. 전 태자 이충을 시중들던 태감 왕복승王伏勝이 황후 무측천이 도사 곽행을 궁에 불러들여 무술을 행한다는 사실을 밀고했다. 이어 상관의上官儀가 태후 무측천이 제멋대로 권력을 휘둘러 온 천하를 실망시켜 종묘를 받들 수 없기에 마땅히 폐위시켜야 한다고 주장했다. 고종도 총애만 믿고 권력을 휘두르는 무측천에게 불만을 품고 있었다. 그가 하고 싶은 일까지 항상 무측천이 해버렸으니 말이다. 분을 이기지 못한 고종 또한 무측천을 폐위시키고 싶어 했다. 상관의의 건의를 들은 고종은 즉시 상관의에게 황후 폐위의 초안을 작성시켰다.

**황후의 권력 횡포 때문에
폐위도 거론**

위기일발의 순간, 무측천의 심복인 궁녀가 황급히 이 사실을 무측천에게 알렸다. 무측천은 즉시 대전으로 가 고종을 접견하고 그 일에 관해 물었다. 그러자 고종은 몹시 난처해 하며 횡설수설했다. 섭섭했던 무측천은 고종 앞에서 대성통곡하며 약한 모습을 보였다. 이때 고종이 할 수 있는 일이 뭐가 있었겠는가? 황급히 자신만 빠져나오기 위해 모든 일을 상관의 탓으로 돌렸다. 이 이야기를 들은 무측천은 자신을 몰아내려고 한 우두머리를 색출해내며 허경종에게 상관의를 모함하도록 지시했다. 그리하여 이 일로 왕복성, 상관의, 이충이 모두 목숨을 잃었다. 이때부터 무측천은 제멋대로 권력을 휘두르지 않았다. 항상 고종과 함께 상의해 정사를 돌봤다. 시작부터 마지막까지 작은 일부터 큰일까지 모두 말이다. 이렇게 조정의 대권이 중궁전으로 되돌아오긴 했지만 고종은 무측천의 의견에 따르는 것에 불과했기 때문에 당시 천하는 '대당이성大唐二聖, 대 당나라에 두 명의 성인이 있다-옮긴이'이라 불렸다.

고종 이치가 34년 동안 재위했지만 후반 20년은 무측천에게 결정권을 뺏기고 말았다. 무측천은 서른다섯 이전에 사남일녀를 낳고, 이후에 정무에 참여하기 시작하면서 오직 권력에만 몰두했다. 그녀의 딸 태평공주는 넓은 이마와 턱이 특징인 외모뿐만 아니라 음란하고 권력욕이 강한 성격까지 무측천과 매우 닮았었다. 그녀 역시 황제의 총애만 믿고 제멋대로 행동했다. 점점 성장하던 태평공주는 무측천이 권력을 키우는 데 더할 나위 없이 좋은 조력자였다. 고종은 태평공주가 내민 문서가 어떤 것이든 항상 보지도 않고 서명해주었다. 그래서 공주가 음탕한 생활을 즐기고 매관매직을 했지만 그 누구도 어찌 할 수 없었다.

무측천의 장자인 태자 이홍이 겸손하며 인덕을 갖추었기에 고종은 그를 몹시 좋아했다. 이홍은 나서야 할 때와 물러날 때를 잘 알고 있었으며 사대부들에게 늘 예를 갖춰 대했기 때문에 조정 안팎의 주목을 받고 있었다. 그 덕분에 병든 고종이 이홍에게 국정을 맡겼을 때 백관들은 안심했다. 하지만 점점 권력에 욕심을 부리던 황후 무측천은 자신의 뜻을 거역하고 권위를 침해하는 자를 결코 용납하지 않았다. 그 사람이 바로 자신의 친아들인 태자라 할지라도 말이다.

 자신이 과분한 처사를 할 때마다 태자 이홍이 완곡하게 진언을 하자 무측천은 점차 아들을 싫어하기 시작했다. 감금되어 지내던 소숙비의 두 딸 의양공주義陽公主와 선성공주宣城公主는 마흔이 될 때까지 결혼하지 못하고 있었다. 이 사실을 알고 마음 아파하던 이홍이 두 누이들의 결혼을 청하자 고종은 이를 승낙했다. 이 일로 몹시 불쾌해했던 무측천은 아들 이홍을 더욱 미워했다.

 병환 중에 있던 고종이 붕어하면 사람들의 존경을 받던 태자가 자연히 황위를 계승하게 된다. 이렇게 되면 무측천은 다시 후궁전으로 돌아와 정사에 관여할 수 없었다. 권력욕이 강했던 무측천 입장에서 그런 상황은 죽음과 다름없었다. 그래서 무측천은 권력을 다시 되찾기 위해 자신의 딸을 죽였던 것처럼 태자의 목숨을 끊어버리고 싶었다. 결국 그녀는 자신의 친아들인 태자 이홍을 독살했다. 태자 이홍이 죽자 둘째인 이현이 태자로 봉해졌다. 하지만 얼마 후 무측천에게 미움을 산 이현도 서인으로 폐위되었다. 그리고 무측천의 셋째 아들 이철이 태자로 즉위했다.

**혈육들 목숨에도
눈 하나 깜짝 않다**

  무측천은 원한을 품으면 반드시 보복을 했고 그 대상이 자신의 친혈육이라 할지라도 예외는 없었다. 무사확이 상리相里 씨를 먼저 아내로 맞이하면서 두 아들 원경과 원상을 두었다. 그리고 다시 양 씨와 결혼하면서 세 딸을 낳았다. 장녀는 하란월석에게 시집가 가난하게 살다가 이후 한국부인에 봉해졌고 둘째딸은 무측천이고 셋째는 곽효신郭孝愼에게 시집갔다. 딸 무측천으로 인해 총애를 받아 영국부인榮國夫人에 봉해진 양 씨는 본래 수나라 관덕친왕觀德親王 양웅楊雄의 조카딸이자 시안공후始安恭侯 양사달楊士達의 막내딸로 명문가 집안 출신이었다. 하지만 원상 형제의 생모가 죽고 무사확의 두 번째 부인으로 시집가면서 상황은 완전히 달라졌다. 더욱이 무사확이 죽은 뒤에 무 씨 형제들이 계모인 양 씨와 그녀의 세 딸을 가만 놔두지 않았다. 그들 모녀는 무 씨 형제들에게 모욕을 당하면서도 반항할 힘이 없었기에 눈물을 삼키며 참을 수밖에 없었다.

무측천이 출세한 후에 어머니 양 씨는 기를 폈고 그녀의 이복형제들 역시 높은 관직에 올랐다. 원경은 종정소경宗正少卿에 원상은 소부소감少府少監에 유량惟良과 회운懷運은 각각 사위소경司衛少卿, 치주척사淄州刺史에 임명되었다. 하루는 양 씨가 무 씨 형제들에게 술자리를 마련해주었다. 취기가 오른 양 씨가 무유량에게 말했다. "자네들은 그때의 일을 아직 기억하고 있는가? 어떻게 말을 해야 하나? 그것은 갚아야 할 빚인 셈이야." 자신이 위기에 놓였다는 사실을 알지 못한 무유량은 무릎 꿇고 사죄하기는커녕 오히려 "제가 공신의 자제로 조정에 발을 들였고 황제의 친인척으로 작위를 받았으니 매우 기쁜 일이 아닐 수 없습니다"라고 말했다. 이 말에 양 씨는 몹시 화가 났지만 무측천에게 양보하는 척하며 타지로 전임할 것을 권하여 사심이 없음을 보이라 시켰다.

이복 오빠들에게 쌓인 원한이 끓어오르자 무측천은 이를 악물었다. 그리고 곧바로 유량을 시주척사로 원경을 용주로 원상을 호주로 발령냈다. 새로 부임한 지 얼마 안돼 원상은 진주振州에서 죽었다. 사실 자신의 앞날을 잘 알고 있었던 원상은 원주에 도착하자 근심걱정으로 나날을 보내다 죽었다.

무측천의 언니인 한국부인은 성품이 고귀하고 우아한 품위를 가진 사람이었다. 그런 그녀가 궁중을 드나들면서 고종의 총애를 받았다. 그래서 고종은 그녀가 죽은 뒤에 그녀의 딸을 위국부인으로 봉했다. 그리고 그녀를 자신의 후궁전에 데려오고 싶어 했지만 무측천이 이를 반대했다. 조카인 위국부인을 질투하던 무측천은 마침 태산泰山에서 만난 무유량와 무회운을 다시 수도로 불러들였다. 그리고 위국부인을 독살하고 그 죄를 두 사람에게 뒤집어씌웠다. 위국부인이 죽자 그의 아들 하란민지賀蘭敏之가 조문객들을 맞이했다. 고종이 슬퍼하며 탄식했고 하란민지도 눈물만 흘릴 뿐 아무 말이 없었다. 무측천은 화가 난 목소리로 말했다. "내가 죽였다고 의심하고 있는 것이냐!" 이렇게 무측천에게 미움을 산 하란민지는 얼마 지나지 않아 독살되었다. 이렇게 무측천의 친인척들은 거의 다 죽어나갔다.

하지만 이런 무측천도 자신의 부모에게는 완전히 달랐다. 어머니 양씨는 찬鄕과 위衛 두 나라에서 지내다 함항咸亨 원년에 세상을 떠났다. 죽은 뒤에는 노국부인으로 봉해져 충열忠烈이라는 시호를 받은 양 씨는 문무 9품 이상의 백관들과 5등급 이상의 내명부의 조문을 받고 왕의 예에 따라 함양咸陽에 안치되었다. 당시 나라가 큰 가뭄을 겪고 있는데 황후 무측천이 자리에서 물러나길 자청하자 백관들이 이를 만류했다. 곧이어 무측천은 고인이 된 아버지 무사확을 태위 겸 태자태사, 태원군왕으로 봉하고 어머니 양 씨 노국충열부인을 왕비로 봉했다.

태자 이홍이 합벽궁合璧宮에서 독살되었을 때, 당시 사람들은 이것이 무측천의 소행이라는 것을 이미 알고 있었다. 그러니 그 뒤를 이어 태자로 즉위한 이현은 근심걱정으로 가득했을 것이다. 그는 어머니 무측천를 일깨우기 위해 〈황대과사〉라는 시 한 수를 써서 바쳤다.

종과황대하 種瓜黃臺下, 오이씨를 황대 아래 심었더니,
과숙자리리 瓜熟子離離, 오이가 주렁주렁 열렸네.
일적사과호 一摘使瓜好, 하나를 따니 오이가 잘 자라,
재적사과희 再摘使瓜稀, 다시 하나를 따니 오이가 듬성듬성해졌네.
삼적유위가 三摘猶爲可, 세 개째 땄는데 아직은 괜찮다 하네,
사적포만귀 四摘抱蔓歸, 네 개째를 따니 오이 덩굴이 뿌리로 되돌아가는구나.

무측천은 자신의 욕심과 권위를 위해 네 번째 오이를 따 오이 덩굴이 뿌리로 되돌아가는 것을 아까워하지 않았다.

사랑하던 명숭엄明崇儼이 주술 때문에 죽자 무측천은 아들 이현을 의심했다. 그녀는 사람을 시켜 이현이 호색한이라 고발하게 하고 동궁의 마방에서 수백 개의 갑옷을 찾아냈다고 알리도록 했다. 고종은 너그럽게 이현을 용서하고 싶어 했지만 무측천이 이에 동의하지 않았다. "반역을 꾀한 것은 하늘도 용서할 수 없는 일입니다. 대의 앞에 사사로운 정은 버려야 하거늘 어찌 그를 용서한단 말입니까!" 결국 이현은 서인으로 폐위되었다. 그리고 얼마 후 무측천은 자신의 둘째 아들 이현에게 자살을 강요했고 그 뒤를 이어 영왕 이철을 태자로 옹립했다.

무측천,
황후에서 천후로

상원上元 원년에 무측천이 황후의 칭호를 천후天后로 고쳤다. 그러고 나서 개혁 내용을 담은 '십이사十二事'를 건의했고 고종은 이를 모두 받아들였다. 얼마 후 고종은 황후 무측천에게 양위할 뜻을 내비추었지만 재상 학처준郝處俊의 극심한 반대에 부딪혔다. 한편, 권위가 확고한 무측천은 겉으로 넓은 아량을 보여주며 많은 사람들로부터 인심을 얻고 있었다. 그녀는 고종에게 상주문을 올려 "관리들의 역모를 방지하기 위해 군신들의 녹봉을 줄이고 백성들에게 인두세를 거둬 병력을 양성하는 것보다, 역모의 위험이 있는 자를 파직시키는 것이 더 좋은 방법입니다."라고 말했다. 고종이 그녀의 제안을 수락하자 군신과 백성들이 기뻐한 것은 당연했다.

의봉儀鳳 3년678년에 군신과 변방의 추장들은 광순문光順門에서 황제 대신 천후 무측천을 알현했다. 당시 고종이 어지럼증으로 앞을 잘 볼 수 없어 사물을 분간할 수 없었기 때문이었다. 그래서 시의 장문중張文仲과 진명학秦鳴鶴이 "황실의 규율을 어기는 방법이지만, 머리에 침을 놓아 피를 빼면 치유할 수 있습니다"라고 말하자 무측천은 대노하며 소리쳤다. "죽어 마땅하도다! 감히 황제의 옥체에 상처를 내 피를 뽑는단 말이냐?" 깜짝 놀란 태의는 무릎을 꿇고 죄를 용서해 달라며 싹싹 빌었다. 이때 고종이 한숨을 내쉬며 "의사가 병을 치료하려 하는데 그것이 무슨 죄인가? 머리가 어지러워 눈앞이 아찔하니 어서 그들에게 치료를 행하게 하라!" 그리하여 태의가 침을 놓고 피를 뽑자 고종이 기쁘게 소리쳤다. "보이는구나!" 이 말을 듣자마자 수렴 뒤에 있던 무측천은 태의에게 고마움을 표시하며 후한 상을 내리도록 분부했다. 5년 뒤, 홍도弘道 원년

12월에 고종이 세상을 떠나자 태자 이철이 즉위하여 당중종이 되었다. 그리고 태후 무측천은 황태후가 되어 정사를 총괄했다.

이철은 즉위한 이후 황후 위후韋后의 아버지인 위현정韋玄貞을 시중으로 삼고 싶어 했다. 하지만 중서령 배염裵炎이 강력히 반대하고 나서자 이철은 대노하며 말했다. "내가 천하를 위현정에게 주려는데 무슨 잘못이 있느냐? 시중의 자리가 아깝단 말이냐!" 한 달 후 무측천은 중종 이철을 폐위시켜 여릉왕으로 강등시켰다. 자신이 저지른 죄가 무엇인지 이철이 묻자 무측천은 차갑게 대답했다. "천하를 위현정에게 넘기려 했는데, 그것이 죄가 아니고 무엇이냐?" 결국 이철은 감금되었다.

그리고 무측천은 넷째 아들 예왕을 황제로 즉위시켰는데, 그가 바로 당예종唐睿宗이다. 예종은 종일 별전에 머무르며 조정에 관여하지 않았다. 무측천은 예종을 별전 밖으로 나오지 못하게 했을 뿐만 아니라 그의 모든 아들을 궁에 가두어 두었다. 그리고 모든 무 씨들을 주요 관직에 등용했는데, 그중에서도 조카 무승사武承嗣를 중서령에 임명해 조정을 총괄하도록 했다.

무수한 남자들을
연인으로 거느린 여황제, 무미

대권을 거머쥔 예순의 태후 무측천은 권력이 안정되어 자신이 원하는 일은 무엇이든지 할 수 있었다. 무측천은 노익장을 과시하며 색정에 강한 욕구를 나타냈다. 일찍이 고종이 말년에 와병 중에 있을 때 한창의 나이인 황후 무측천은 태의 정거程據와 오랫동안 사통을 했다.

훗날 낙양성에 일부러 미친척하던 풍소보馮小宝라는 자가 나타났는데, 그는 기골이 장대하고 음란하기로 소문이 자자한 인물이었다. 고조 이연의 딸인 천금공주가 그를 자신의 저택으로 데려왔다. 하지만 그를 감당할 수 없었던 천금공주는 무측천에게 아부하기 위해 그를 후궁전으로 다시 보냈다. 그에게 매우 만족했던 무측천은 그의 이름을 설회의로 바꾸고 백마사白馬寺의 주지로 임명하여 자유롭게 궁을 드나들 수 있도록 했다.

일개 시정잡배에 불과했던 설회의는 순식간에 궁중의 높은 인물이 되어 있었다. 사람들이 그를 공손히 받든 것은 순전히 무측천의 권력과 음탕한 욕심 때문이었다. 설회의가 가장 총애를 받고 있을 때 무측천의 딸

태평공주의 남편 설소는 설회의에게 아버지에 대한 예를 갖추기도 했다. 무측천의 조카이자 조정 안팎에서 권력을 행사하던 무승사와 무삼사 또한 매우 공손한 태도로 그를 대했다. 설회의의 마필馬匹은 궁에서 제공한 것으로 그것을 담당하는 자가 따로 있을 정도였다. 또한 무측천은 수만 명이 동원된 명당 건설의 관리 감독을 설회의에게 맡겼다. 그리고 명당이 완공된 후에는 설회의를 위위대장군과 양국공에 임명했다.

지겨워진 연인은
가차 없이

이처럼 설회의가 위세를 누리자 조정의 많은 사람들은 이를 부러워했다. 무측천의 왕성한 성욕을 잘 알고 있었던 그들은 무측천에게 잘 보이기 위한 지름길도 잘 알고 있었다. 상식봉어관 유모는 아들이 하얀 피부에 말끔하게 잘생기고 체격이 건장하다며 무측천에게 자신의 아들 유량빈을 추천했다. 그 외에 많은 사람들이 스스로를 추천하자 무측천은 그들 중 뛰어난 자들을 골라 함께 잠자리를 했다.

설회의에게 차츰 싫증을 느낀 무측천은 그를 대신해 어의 심남구沈南璆를 새로운 애인으로 삼았다. 총애를 잃은 설회의는 화를 참지 못하고 명당에 불을 지르기도 했다. 무측천은 설회의에게 미안함을 느끼긴 했지만 새로운 기쁨을 포기할 수 없었다. 설회의를 내쫓기로 결심한 무측천은 태평공주에게 몰래 편지를 썼다. 체격이 건장한 여성을 골라 궁에 들인 후 설회의를 납치하도록 하라는 내용이었다. 그리고 심복인 무유녕武攸寧과 종진경宗晉卿에게 명하여 설회의를 죽이고 그 시체를 백마사에 가져다 놓으라고 지시했다.

황후가 좋아하는
남자의 조건

　　　　　　　　무측천은 다시 미남자들을 모아 쾌락을 탐닉했다. 말년의 무측천에게 총애를 받던 인물로는 장역지와 장창종 형제가 있었다. 무측천은 장 씨 형제들을 위해 전문기구인 공학부를 세워 그들을 감독관으로 임명하고 3품 직위를 내렸다. 형제 중 다섯째였던 장역지의 아명은 오랑五郞이었고 여섯째인 장창종은 육랑六郞이었다. 어떤 대신이 그를 칭찬하며 "육랑의 얼굴은 연꽃과 같습니다."라고 말하자 곁에 있던 내사內史 양재사楊再思가 한술 더 떠 "아닙니다. 연꽃이 육랑의 얼굴과 같지요."라며 아부했다.

　무측천은 남자를 매우 까다롭게 골랐다. 체력이 건장하고 잘생겨야 했고 심지어 다방면에서 뛰어난 사람이어야 했다. 당시 문학시종이었던 당대 유명 시인인 송지문은 풍채가 당당하고 재능이 출중했기에 분명 무측천의 총애를 받을 것이라 생각했다. 하지만 무측천은 줄곧 그에게 관심을 보이지 않았다. 마음이 상했던 송지문은 연애시 한 편을 써 무측천에게 바쳤다.

명하가결불가친 明河可潔不可親,
은하수는 바라볼 수는 있으나 친할 수는 없으니,
원득승사일문진 應得承槎一問津.
뗏목 타고 옛사람처럼 한번 나루터를 찾고 싶어라.

갱장직녀지기석 更將織女支機石, 다시 직녀가 베를 고이던 돌을 가져다,
환방성도매복인 還訪城都賣卜人. 성도의 점쟁이를 찾아가리라.

이를 본 무측천은 웃음을 보였다. 그리고 이후에 무측천은 많은 신하들 앞에서 송지문의 결점을 이야기했다. "송지문이 모든 방면에서 뛰어나나 한 가지 알지 못하는 것이 있다. 바로 자신의 구취다!" 이 이야기를 들은 송지문은 부끄러워 어쩔 줄 몰라 했고, 그 후로 입 냄새를 없애기 위해 항상 입에 정향나무를 머금고 있었다.

끝까지 권력을 누렸던 여황제 무측천의 말년

색정과 권위를 모두 누리던 무측천은 가혹한 관리인 주흥과 내준신을 이용해 권력을 남용했다. 살인을 대수롭지 않게 여기던 주흥과 내준신은 가혹한 형벌로 수많은 사람들을 죽였다. 내준신은 《나직경羅織經》을 써 무고한 사람들을 잡아들이는 방법을 가르쳤다. 그가 말한 많은 방법 중에 대표적인 것으로는 돼지를 잔인하게 죽인 죄, 망한 집안을 구한 죄, 갑자기 고함친 죄 등이 있었다. 폐태자 이현이 파주에 감금되어 있을 때 무측천은 사람을 보내 그에게 자살을 강요했다. 게다가 폐황제 이철까지 갇혀 지내는 모습을 본 예종 이단은 종일 불안에 떨며 태후 무측천에게 양위를 간청했다. 그리하여 무측천은 실제 황제로 즉위하면서 자신을 성모신황聖母神皇로 봉하고 이름도 측천則天으로 바꾸었다. 이후에 하늘의 해와 달이 천하를 비춘다는 뜻인 조로 다시 이름을 바꾸고 금륜황제金輪皇帝로 자칭하며 국호를 주周로 바꾸었다. 그리고 황제에서 태자로 강등된 이단은 성을 무 씨로 바꾸었다.

영공英公 이경업李敬業과 장안주부長安主簿 낙빈왕駱賓王은 죄를 짓고 강등되어 양주揚州에 있었다. 이경업은 여릉왕의 복위를 외치며 병사를 모아 반란을 일으켰다. 그리고 낙빈왕은 무측천을 무찌르기 위한 격문을 써 널리 퍼트리자 무측천에게 반대하는 장사 10여만 명이 각지에서 모여들었다. 하지만 이경업은 전략에서 실수를 하고 만다. 곧바로 낙양을 공격하지 않고 금릉金陵을 차지하기 위해 강을 건너가면서 결국 반란에 실패했다. 이 사건 이후 무측천이 밀고자들을 환영하자 전국각지에서 많은 밀고자들이 속속 나타났다. 이로 인해 억울하게 죽임을 당한 사람이 헤아릴 수 없이 많았고 당나라 이 씨 종실 귀족도 대량 학살당했다.

무측천이 죽으면 누가 황위를 이어야 할까? 무 씨 자손인가 아니면 이 씨인가? 무 씨들은 이에 대해 신중히 고려해야 했다. 일단 이 씨가 정권을 잡게 되면 무 씨가 자멸하는 것은 당연했기 때문이었다. 그래서 무 씨들은 무승사를 태자로 즉위시킬 것을 간청했다. 친아들과 조카 중에 누구에게 천하를 넘겨줘야 할지 쉽게 결정 내리지 못하던 무측천은 중신들에게 의견을 구했다. 승상 적인걸이 말했다. "황위 계승자는 폐하의 아들입니다. 폐하가 다스린 천하를 자손에게 물려주는 것이 마땅한데 어찌 조카가 계승자가 될 수 있습니까? 아들과 조카 중 누가 더 가깝습니까? 좀 더 생각해본다면 그 대답은 자명할 것입니다."

**나의 묘비에 아무 것도
쓰지 마라**

이렇게 하여 폐위되었던 여릉왕 이철은 어리둥절해 하며 다시 낙양으로 돌아왔다. 이철은 10여 년간 방주房州에서 지내며 항상 불안에 떨면서 살았다. 그러다 갑자기 낙양으로 불려와 어머니를 만나니 마음이 북받쳐 올라 무릎을 꿇은 채 대성통곡하며 울었다. 이철이 다시 궁으로 돌아온 뒤에 태자 이단이 양위를 하자 이철이 태자로 즉위했다. 무측천은 자신이 죽은 뒤 황제가 된 이철이 무 씨를 모두 죽일까봐 염려했다. 그래서 모든 무 씨와 상왕 이단, 태평공주 그리고 태자가 모두 함께 명당에서 천지신명께 선서하고 서로 잘 지내겠다는 서명을 사관에 보관했다.

신용神龍 원년에 여든한 살의 무측천은 몸을 제대로 가누지 못하고 영선원迎仙院에서 누워 지냈다. 이때 재상 장간지張柬之와 최현휘崔玄暉가 비밀리에 궁정 정변을 일으켜 태후의 연인인 장역지와 장창종을 죽였다. 우림羽林, 금위군의 별칭-옮긴이 장군인 이다조李多祚가 병사를 이끌고 현무문으로 들어와 두 장 씨의 목을 벤 것이었다. 이 소식을 들은 무측천은 대경실색했다. 이때 환언범桓彦范이 금군을 이끌고 와 무측천에게 양위를 강요했다. 불만에 가득한 무측천은 돌아누운 채 더 이상 아무 말도 하지 않았다. 이렇게 하여 태자 이철이 중종으로 즉위하고 당나라의 국호도 회복되었다. 그리고 무측천은 상양궁으로 쫓겨났다.

황제는 백관들을 거느리고 관풍전觀風殿으로 가 무측천의 일상생활과 안부를 종종 묻기도 했다. 중종은 봉신부奉宸府를 폐지하고 동도東都의 무 씨 사당을 숭존묘崇尊廟로 옮겨 숭은崇恩이라 호칭을 바꾸어 당나라 종묘를 다시 회복했다. 또한 모든 무 씨 왕들의 작위를 강등시켰다. 이를 지켜본 무측천은 우울한 심정으로 세상을 떠나며 자신을 측천대성황태후則天大聖皇太后라 칭하라는 유제를 남겼다.

무자비는 무측천이 임종 직전에 남긴 유언을 기록한 비이다. 그녀의 유언은 "나에 대한 공적은 후대 사람들이 평가할 것이니 비석에 아무런 글도 남기지 말라."였다.

최고의 권력을 쥐고 세상을 흔들었던 여후

여치는 평범한 여자가 아니었다. 그녀의 정치적 수완과 과감하고 악랄한 수단은 그녀가 대권을 손아귀에 넣은 태후가 되기 전부터 이미 나타났다. 그녀는 유방을 도와 대군을 보유하고 전투 경험이 많은 장군 팽월과 한신을 자신의 편으로 만들기도 했다. 태후가 된 후 자신의 권력을 온 천하에 뻗치며, 중국 역사에서 커다란 자리를 차지하게 된다.

기백만으로 조강지처를 얻은 유방

한고조의 조강지처인 여치를 역사에서는 여후呂后라고 부른다.

패현沛縣의 농민 집안에서 태어난 유방은 글 읽기를 싫어했고 농사일은 더더욱 싫어했으며 종일 친구들과 어울려 노는 게 일이었다. 관상술로 보자면 유방은 귀한 상을 가진 인물이었다. 그는 무릎 아래로 내려오는 긴 팔에 왼쪽 허벅지에는 72개의 검은 사마귀가 있었다. 활발한 성격에 가슴속에 큰 뜻을 품은 유방은 좋은 일에 앞장서며 전국에 있는 영웅호걸들과 널리 사귀기를 좋아했다. 때문에 패현에서 의협심이 강한 인물로 널리 칭송받아 패현 동사수향東泗水鄕의 정장이 되었다. 정장은 하급 관리에 속했다. 당시 진秦나라 규정에는 10리里마다 정亭을 두고 10정마다 향鄕을 두었는데, 이 정장은 10리 안에 있는 백성들을 관리하는 말단 관리였다. 비록 관직이 낮긴 했지만 엄연히 정부 관리였다.

당시 단부單父 사람, 즉 오늘날의 하남河南 여남汝南 사람인 여공呂公이 원수를 피해 패현으로 왔다. 여공은 패현의 현령과 오랜 친구 사이였는데, 이를 알게 된 사람들이 잇따라 선물을 가지고 여공에게 인사를 왔다. 그러자 여공은 각지에서 친구들을 초대해 연회를 마련했다. 이 연회를 담당하던 현리 소하蕭何는 선물의 금액에 따라 좌석을 나누고 천 전錢 이하의 선물을 가져온 사람들의 좌석은 연회당 아래라고 알렸다.

당시 겨우 말단 정장에 불과했던 유방은 연회 참석이야말로 출세할 절호의 기회라고 생각했다. 그러나 연회당 아래에 앉아 어떻게 사람들의 주목을 받을 수 있단 말인가? 고심 끝에 유방은 좋은 방법을 생각해 냈다. 여공의 연회가 열리던 날, 유방은 종이에다 붉은색으로 일만 전錢 이라고 써서 현리에게 건네주었다. 놀랄 만한 거대한 액수를 보고 이상하게 여긴 여공은 직접 내려와 정장 유방을 맞이했다. 유방은 기개와 도량이 뛰어나고 예절이 밝은 점잖은 사람이었다.

**매우 귀한 상을 가진
여치**

유방을 자세히 살펴본 여공은 유방을 마음에 들어했다. 세상 물정에 밝았던 여공은 유방이 예사인물이 아님을 알아보고 매우 공손한 태도로 유방을 연회당 안의 상석으로 안내했다. 사실 현리 소하는 유방의 친구로 두 사람은 아는 사이였다. 물론 유방이 매우 가난하다는 사실도 잘 알고 있었다. 그래서 소하는 웃으며 친구가 어떻게 행동할지 다음 일을 지켜보기로 했다.

유방이 상석에 앉아 대범하고 당당한 모습으로 사람들과 이야기를 나누자 손님들은 모두 두려워 얼굴빛이 변했다. 연회가 열리는 동안 줄곧 유방을 관찰하던 여공은 유방의 말솜씨와 외모를 면밀히 살펴보았다. 연회가 끝나고 배불리 먹은 유방이 인사를 하고 일어나려고 하자 여공이 그를 붙잡았다. "내가 줄곧 관상을 연구해 왔는데, 관상을 본 수많은 사람들 중 이렇게 영험한 상을 가진 사람은 아무도 없었습니다. 오늘 댁의 관상을 자세히 살펴보니 귀한 상을 가졌습니다. 외모와 성품이 모두 뛰어난 여식이 있는데, 내 딸을 아내로 받아주시오." 뜻밖의 일에 기뻤던 유방은 그 자리에서 선뜻 그러겠노라 대답했다.

여공은 방으로 들어와 이 일을 부인에게 알렸다. 이 일을 모두 들은 여공의 부인은 무척 황당했다. 남편이 엉뚱한 말을 쏟아낸 방탕하고 무례한 자가 속임수로 한 끼 식사 한 것을 눈감아주는 것도 모자라 멀쩡한 딸을 그런 자에게 보내겠다니 말문이 막혔다. 부인은 여공의 뜻에 한사코 반대했다. 하지만 여공은 자신의 뜻대로 큰딸을 유방에게 시집보내며 후한 예물도 함께 보냈다. 여공의 이 큰딸이 바로 훗날 한고조 유방의 황후 여치이다.

여치는 아버지 여공의 적극적인 지지를 받으며 정장 유방에게 시집 갔다. 당시 유방의 집은 가난했고 유방은 새 가정을 꾸린 뒤에도 여전히 빈둥빈둥 놀며 친구들과 어울리길 좋아했다. 집안일은 늘 뒷전이던 유방 때문에 여치가 가족의 생계를 책임져야 했다. 어여쁜 아가씨에서 갑자기 농민의 아내가 된 여치는 일 년 내내 농사를 짓고 가정을 돌보며 일남일녀를 낳아 길렀다. 이 아들이 유영劉盈이고 딸이 훗날의 노원공주魯元公主이다.

하루는 여치와 아이들이 함께 밭에서 열심히 일하고 있는데 그곳을 지나던 어떤 노인이 물 한 잔 얻어 마시길 청했다. 그리고 그 노인은 목을 축이며 온화한 여치와 이야기를 나누었다. 관상을 잘 본다는 그 노인은 여치를 처음 보고 무척 놀라더니 자세히 여치를 들여다보고는 더욱 믿을 수 없다는 표정을 지었다. 그 노인은 여치에게 매우 귀한 상을 가졌다고 알려주었다. 그리고 노인은 여치의 아이들도 불러 관상을 보고 싶어 했다. 아이들의 얼굴을 자세히 살펴본 노인은 여치에게 아들과 딸이 모두 범상치 않은 귀한 상을 가졌다고 알려주었다. 물을 다 마신 노인은 여치에게 인사를 하고 다시 갈 길을 갔다. 잠시 후, 유방이 밭에 오자 여치는 방금 전 노인에게 들었던 말을 모두 알려주었다. 이 말을 들은 유방은 급히 노인을 뒤쫓아가 자신의 관상도 봐달라고 청했다. 노인은 유방에게 그의 부인과 아들딸의 상이 귀한 것은 바로 유방이 황제가 될 존귀한 상을 가졌기 때문이라고 알려주었다.

황제의 옥좌에 오른 유방

벼락 출세를 하고 싶었던 유방은 죄를 짓고 도망치는 신세가 됐다. 일찍 부귀영화를 누리고자 했던 여치 모자 역시 유방의 일에 연루되어 감옥에 갇혔다. 기원전 208년, 유방이 서른여덟 살이고 아들 유영이 막 다섯 살이 되던 해에 유방은 군사를 일으켜 진秦에 반기를 들었다. 이때부터 유방은 군마를 모아 전쟁을 시작하면서 천하를 얻을 실력을 키워갔다.

기원전 205년, 이미 강대한 대군을 보유하고 각지의 반란군들과 세력을 겨눌 수 있게 된 유방은 병사들을 이끌고 한중漢中을 출발해 동쪽으로 갔다. 그리고 항우項羽의 후방이 취약해진 틈을 타 곧장 팽성彭城으로 진격해 대승을 거두었다. 이 소식을 듣고 대노한 항우는 곧장 회군하여 환북皖北, 안휘성安徽省의 양자강揚子江 북부 지역 - 옮긴이 영벽靈璧에서 유방의 한군漢軍을 무찔렀다. 참패한 군사들은 뿔뿔이 흩어지고 유방을 따르는 자들은 겨우 몇 사람밖에 남지 않았다. 항우는 병사를 파견해 유방의 가족들을 잡아오게 했다. 사실 유방의 아버지와 여치는 전쟁의 혼란을 틈타 중간에 도망쳤는데 길을 잃고 헤매다 항우의 군사들에게 발각되어 다시 끌려갔었다. 반면 유방의 자녀들은 다른 길로 도망쳐 우연히 유방을 만나면서 위험에서 벗어날 수 있었다.

영벽에서의 참패로 유방은 수많은 군사들을 잃고 거의 아무것도 남지 않은 상태였다. 하지만 관중關中으로 도망친 이후에 발 빠르게 병마를 모은 유방은 항우와 겨룰 만한 강대한 병력을 새롭게 조직했다. 한군漢軍과 초군楚軍은 형양滎陽, 하남성에 있는 현이름-옮긴이에서 팽팽히 맞서며 대치 상태로 있었다. 3년 동안 대치하던 한군과 초군은 양쪽 모두 승패를 가리지 못했다. 그러던 중, 한군의 대장 한신이 병사들을 이끌고 하북河北을 지나 산동山東으로 진격하여 항우의 최후방을 공격했다. 갑작스러운 공격에 손쓸 길이 없었던 항우는 포로로 잡혀 있는 유방의 아버지가 떠올랐다.

광무성廣武城 아래 위풍당당하게 앉은 항우는 유방의 아버지 유태공劉太公을 끌고 오라고 분부했다. 대치 중이던 유방은 이 광경을 보고도 여전히 침착한 모습이었다. 항우는 "한, 초 양군이 즉시 출전하여 승패를 가리지 않는다면 유태공을 삶아 먹겠소."라며 유방을 위협했다. 그러자 유방은 이렇게 대답했다. "과거 초왕과 나는 뜻을 함께하며 형제보다 더 나은 정을 나누었소. 나의 부친이 곧 초왕 당신의 부친이기도 한데, 만약 초왕께서 당신의 부친을 삶아먹겠다고 하면 나에게도 한 그릇 주시오!"

이 말을 들은 항우는 순간 할 말을 잃고 말았다. 책사 항백項伯은 "천하를 차지하는 자들은 대부분 가정을 보살피지 않습니다. 그러니 그의 아버지를 죽인다 해도 아무런 효력이 없을뿐더러 오히려 원한만 사게 될 테니 죽이지 않는 것이 더 좋을 듯합니다."라고 말했다. 항우는 항백의 건의를 받아들이는 것밖에 달리 방법이 없었다.

그해 9월, 휴전 협의를 한 한나라와 초나라는 홍구鴻溝를 경계로 서쪽은 한나라가 동쪽은 초나라가 가지기로 하면서 휴전에 들어갔다. 그리고 항우는 유태공과 여치를 풀어주었다. 다시 한나라에 돌아오기까지 여치와 유태공은 29개월 동안 초군 진영에 포로로 붙잡혀 있었다.

한왕 원년 10월에 유방이 파상灞上을 제압하자 진왕秦王 자영子嬰이 투항했다. 또한 유방이 가혹한 형벌 규제를 없애자 진나라 백성들은 모두 유방을 환영했다. 항우가 산해관으로 들어오고 난 뒤 유방은 장량張良의 계책에 따라 항후와 강화를 맺고 항우에게 고개를 숙여 한왕漢王의 작위를 받고 파촉巴蜀과 한중을 다스렸다. 이어 4년 동안 초한 전쟁이 계속되었다. 결국 한왕 5년 겨울 항우에게 승리한 유방은 황제의 자리에 오르고 수도를 낙양洛陽으로 정했고 이후 장안長安으로 천도했다.

유방이 황위에 오르자 여치도 황후로 책봉되고 그의 장자 유영은 황태자가, 딸은 노원공주가 되었다.

나라를 구하기 위해 팔려나간 공주

이제 막 건국된 한제국에게 유일한 강적은 바로 흉노족匈奴族이었다. 당시 흉노족은 묵돌冒頓 선우單于, 흉노족의 군주의 칭호-옮긴이가 통치하고 있었다. 공격적인 묵돌 선우는 중원의 혼란을 틈타 끊임없이 북쪽 변방을 침략해 왔다. 한나라 건국 초기에도 흉노족은 여전히 침략을 일삼았다.

대신 유경劉敬이 유방에게 흉노족과 화친을 맺어 관계를 개선하자는 계책을 내놓았다. 한황실의 공주를 흉노족의 선우에게 시집보내 화친을 꾀하자는 것이 그의 주장이었다. 유방은 그의 건의를 받아들였다. 그렇다면 누구를 시집보내야 하나? 당시 공주 신분에 나이가 적당한 사람은 노원공주뿐이었다.

**공주의 희생으로
전쟁을 피하다**

사실 당시 노원공주는 이미 장오張敖에게 시

집간 몸이었다. 하지만 유경의 건의를 받아들인 유방은 북쪽 지역의 안정을 위해 노원공주를 멀리 흉노족에게 시집보냈다. 이 소식을 듣고 화가 머리끝까지 치밀어 오른 여후는 대성통곡했지만 속수무책이었던 유방은 이렇게 노원공주를 희생해 흉노족과 화친을 맺었다.

딸 노원공주가 다시 평온을 찾았을 때 아들 유영이 태자 자리를 위협받았는데, 이는 바로 척부인 때문이었다. 척부인은 산동 정도에서 이름 날리던 미인으로 유방에게 성은을 입고 오랫동안 유방의 잠자리 시중을 들다 임신을 하여 여의(如意)라는 아들을 낳았다. 아름답고 매력적인 척부인은 유방의 총애를 한 몸에 받았고 그녀가 낳은 아들 역시 유방의 각별한 총애를 받았다.

황후의 자리까지 넘본
야망의 여인, 척부인

척부인의 소생 여의가 열 살 되던 해, 유방은 여의를 조왕趙王으로 봉했다. 당시 여후는 이미 나이가 들어 매력을 잃었지만 척부인은 여전히 젊고 아름다웠고 예전보다 더욱 품위 있는 모습이었다. 정벌 전쟁을 떠난 유방은 척부인을 데리고 다니며 항상 곁에 두었다.

심계가 가득한 척부인은 눈앞의 행복이 끝나면 어떻게 될지 잘 알고 있었다. 일단 유방이 세상을 떠나고 태자 유영이 황위에 오르면 보통내기가 아닌 여후가 자신을 그냥 놓아줄 리 없다는 사실을 잘 알고 있었다. 그래서 척부인은 유방의 총애를 무기 삼아 여의를 태자로 만들어 달라고 밤낮으로 울며 보챘다.

유방도 예전부터 그런 마음이 있었다. 태자 유영의 천성이 강하지 못한데다 자신과 닮지 않아 유영을 그다지 좋아하지 않았다. 유방은 태자 교체 문제를 신하들에게 알리고 동의를 구하고자 했다. 그러나 대신들은 태자 폐위 문제에 모두 반대했다. 유영은 이미 8년 전에 태자로 확정된 인물이고 관대하고 너그러운 인품을 지닌 자인데, 특별한 이유 없이 총애를 받는 여의에게 태자 자리를 넘겨주면 민심을 잃어 나라의 근본이 흔들릴 것이라며 반박하고 나섰다. 하지만 척부인을 총애했던 유방은 태자 교체의 결심을 굽히지 않았다. 게다가 총애하는 척부인이 눈물로 애원하니 유방의 이런 결심이 흔들릴 리 만무했다.

태자 교체를
눈물로 애원한 척부인

여후는 좌불안석이었다. 이때 어떤 책사가 여후에게 유후留侯 장량이 뛰어난 책략가이니 그에게 도움을 요청하자고 제안했다. 여후는 오빠 건성후建成侯 여석呂釋을 장량에게 몰래 보냈다. 무거운 책임을 안은 여석은 장량의 집으로 발걸음을 향했다.

모든 이야기를 전해 들은 장량은 골똘히 생각에 잠기더니 마침내 태자를 위한 묘책을 내놓았다. "황제께서 천하를 얻으셨을 때, 네 분의 고사高士, 인품이 고상하여 속세에 나오지 않고 은거하여 벼슬을 하지 않는 군자—옮긴이 동원공東園公, 하황공夏黃公, 기리이綺里季, 각리角里 선생이 계셨습니다. 전쟁의 혼란을 피해 상산商山에 은거하는 네 사람은 덕망이 높고 나이가 지긋하신 고사라 널리 이름을 떨쳐 지금 사람들은 그들을 상산사호商山四皓라 부릅니다. 황상께서 천하를 얻은 뒤 여러 차례 그들과 만나기를 청했지만 유생을 비난하길 좋아하던 황제를 싫어한 탓에 그들은 아무런 대답을 하지 않았습니다. 산을 내려가 황제의 신하가 되길 원치 않았기 때문입니다. 만약 태자께서 겸손한 태도로 그들에게 뵙기를 청하여 그들이 연회에 참석한다면, 그리고 그 사실을 황제께서 알게 되신다면 황제께서는 분명 태자 폐위를 포기하실 것입니다. 황제께서 간청했을 때도

응하지 않던 상산사호가 태자를 따른다면 태자의 명망에 큰 도움이 될 것이 분명하니 황제께서도 그런 태자를 어떻게 하지 못하실 겁니다."

이렇게 하여 태자는 간절한 마음으로 한 통의 편지를 써서 선물과 함께 상산사호에게 전달했다. 태자의 정성에 감동받은 상산사호는 태자의 청을 받아들여 황궁에서 열리는 연회에 태자의 손님으로 참석했다.

한고조 11년, 기원전 196년에 회남왕淮南王 영포英布가 반란을 일으켰다. 병환 중에 있던 유방은 반란을 평정하기 위해 태자 유영을 보내고 싶어 했지만 여후의 반대에 부딪혔다. 그래서 유방은 태자에게 장안長安을 지키게 하고 자신이 직접 병사를 이끌고 영포 정벌에 나섰다. 이듬해, 영포의 반란을 완전히 평정한 유방은 다시 장안으로 돌아왔다. 이 일로 마음이 상해 있던 유방은 다시 태자 폐위를 거론했다. 마침 조정에서 대규모 연회가 열렸다. 득의양양해 있던 유방은 군신들과 즐겁게 연회를 즐기며 눈앞에 둔 승리를 축하하고 있었다. 그러다 유방은 태자 유영 뒤에 서 있는 네 명의 백발노인들을 발견하고 깜짝 놀랐다.

태자 일행을 가까이 부른 유방은 단정한 옷차림을 한 백발의 정정한 네 노인들이 한눈에 보기에도 학식이 풍부한 학자임을 알아챘다. 네 사람이 누구인지 묻는 유방의 물음에 상산사호는 각자 자신의 이름을 말했다. 유방은 그들이 자신이 그렇게 만나기를 간청했지만 만날 수 없었던 상산사호라는 사실을 알고 매우 놀랐다. "내가 과거 경들을 청했을 때는 나를 피하더니 오늘은 어째서 나의 아들을 따르고 있는가?"

**장량의 책략으로
태자를 보호한 여후**

상산사호는 공경하게 대답했다. "황제께서는 정벌전쟁으로 천하를 손에 얻고 영웅호걸들도 모두 곁에 두었습니다. 하지만 황제께서는 줄곧 유생들을 경시하며 걸핏하면 그들을 욕했습니다. 이렇게 저희들이 모욕을 당했으니 황제를 피할 수밖에요. 하지만 태자께서는 인仁과 효孝를 공경하시고 관대한 마음으로 사람들을 대하시며 겸손한 모습으로 유생들을 대하셔서 그 명성이 자자합니다. 천하의 뛰어난 학자들 모두 태자께 힘이 되어 드리고 싶어합니다. 그래서 저희들이 자청하여 태자를 따르는 것입니다."

연회가 끝나자 태자를 둘러싸고 있던 상산사호는 태연하게 자리를 떠났다. 태자 일행이 가는 모습을 묵묵히 지켜보던 유방은 곁에 있던 척부인에게 말했다. "내가 줄곧 태자를 폐위하기를 원했으나 이제 태자가 날개를 가졌으니 내가 어쩔 도리가 없구나!" 태자 유영이 이처럼 태자의 자리를 지켜냈으니 앞날은 결정된 것이나 다름없었다.

색정과 야욕의 화신이었던 여인, 여태후

여치는 평범한 여자가 아니었다. 그녀의 정치적 수완과 과감하고 악랄한 수단은 그녀가 대권을 손아귀에 넣은 태후가 되기 전부터 이미 나타났다. 그녀는 유방劉邦을 도와 대군을 보유하고 전투 경험이 많은 장군 팽월彭越과 한신韓信을 자신의 편으로 만든 일로 유명하다.

유방이 세상을 떠난 후에 유영이 한혜제漢惠帝로 즉위하자 황후 여치는 황태후로 존숭되었다. 유영은 아직 어렸고 성품이 모질지 못해 조정의 대사는 거의 모두 여태후의 손에서 결정되었다. 권력을 잡은 여태후가 가장 먼저 한 일은 황제의 총애를 앗아가고 태후의 자리까지 노린 철천지원수 척부인을 처리하는 일이었다.

그녀는 척부인의 머리카락을 자르고 손과 발에는 무거운 족쇄를 채운 채 낡은 죄수복을 입혀 하루 종일 쌀을 빻는 노역을 시켰다. 척부인에게 고통스러운 나날을 보내게 한 후에 여후는 다시 사람을 보내 척부인의 삶의 유일한 희망이었던 아들 조왕 여의를 죽였다. 이어 척부인의 손과 발을 자르고 두 눈을 뽑고 연기를 피워 두 귀를 멀게 하고 벙어리로 만

드는 약을 억지로 먹였다. 그런 다음 그녀를 악취 나는 화장실에 던져버리고 사람 돼지라고 불렀다. 여태후는 총애를 앗아간 아름다운 척부인을 몹시 질투해 이렇게 잔인하게 척부인을 처단했던 것이다.

**여치의 증오로
사람 돼지가 된 척부인**

유영이 적자의 신분으로 태자로 책봉되었지만, 나이 순으로 따지자면 위로 형 유비劉肥가 있었다. 유비는 유방이 결혼 전에 낳은 아들이었다. 유방이 황제로 즉위한 후 유비는 제왕齊王에 봉해져 식읍으로 산동山東 70여 성城을 하사받았다. 여후는 남편이 혼전에 낳은 유비를 탐탁지 않게 여겼는데 제왕에 봉해져 식읍까지 하사받은 모습을 보자 더욱 마음이 편치 않았다.

혜제 유영이 유비를 접견하길 원했다. 기쁜 마음으로 궁에 들어온 유비는 후궁전으로 가 형제 유영과 만남을 가졌다. 그리고 혜제는 형 유비와 함께 태후의 생일 축하 연회에 참석했다. 너그럽고 인자한 혜제는 형인 유비에게 가장 높은 자리를 양보했고 세상 물정에 어두웠던 유비는 덥석 그 자리에 앉았다.

이 모습을 지켜보던 여후는 화가 머리끝까지 치밀어 올랐다. 여후는 아무 말 없이 두 술잔에 독약을 넣은 다음 유비가 자신에게 장수를 기원하며 인사를 하도록 지시했다. 유비는 술잔을 들고 일어나 태후에게 갔다. 유영 또한 유비를 따라 일어나 태후에게 갔다. 두 형제가 나란히 술잔을 들고 태후에게 인사를 건넨 다음 술을 마시려고 하자 놀란 여후가 자리에서 내려와 유영의 술잔을 엎질러버렸다. 이 모습을 지켜보던 유비는 창백하게 질려 술을 마실 수가 없었다.

집에 돌아온 유비는 방금 두 잔의 술이 독주라는 사실을 알고 혼비백산했다. 사태의 심각성을 알아차린 유비의 시종이 유비에게 계책을 내놓았다. "딸을 몹시도 아끼는 여후께서는 노원공주의 성이 불과 몇 개가 안돼 불만을 가지고 있습니다. 만약 왕께서 군郡 하나를 공주의 탕목읍湯沐邑으로 바친다면 태후께서는 분명히 기뻐하실 터이니 왕께서는 화를 면하실 수 있습니다. 그리고 곧장 수도를 떠나 봉지로 돌아가십시오." 좋은 방법이라고 여긴 유비는 즉시 이 계책에 따랐다. 태후를 접견한 유비는 성양군城陽郡을 공주에게 바칠 뜻을 전하고 노원공주를 제왕태후齊王太后로 존숭시킬 것을 청했다. 이렇게 유비는 여후의 마음을 달래고 나서야 비로소 안전하게 봉지로 돌아갈 수 있었다.

**권력을 유지하고자
근친을 권하다**

자기중심적이었던 여후는 도리에 어긋난 일을 많이 했다. 혜제가 성장하자 황후를 책봉하고 혼례를 올려야 했다. 여후는 심사숙고 했다. 다른 집안에서 황후가 나온다면 분명 새로운 황후 세력을 형성하여 태후와 맞설게 분명했다. 그러니 가장 좋은 방법은 바로 자신의 친인척 중에서 황후를 뽑는 것이었다.

열일곱 살에 즉위한 혜제가 스무 살이 되자 놀랍게도 여후는 혜제 유영의 누이인 노원공주의 딸을 황후로 책봉하여 혜제와 결혼시켰다.

어머니의 말에 따르긴 했지만 마음이 편치 않았던 혜제는 자신의 황후가 된 조카딸 장張 씨와 줄곧 부부관계를 가지지 않았다. 물론 이것은 여후가 바라던 바가 아니었다. 여후는 새로운 계책을 생각해냈다. 다른 사람의 아이를 장황후의 소생으로 둔갑시키고 그 생모를 죽이는 방법이었다. 이렇게 여후는 한나라 궁에서 몇몇의 양자를 길렀다. 4년 뒤 유영이 세상을 떠나자 여후는 양자인 한소제漢小帝를 황위에 올리고 자신의 권력을 계속 유지했다.

혜제가 근심걱정으로 세상을 떠나고 여후가 가짜 적자를 황위에 올리자, 황족과 조정 대신들은 불만이 가득했다. 눈에 살기가 등등했던 여후는 자신의 친아들 유영이 죽었을 때도 우는 척만 했지 눈물 한 방울 흘리지 않았다. 이 모습을 본 책사 장량의 아들 장벽강張辟彊은 재상 조참曹參에게 물었다.

**아들의 죽음 앞에서도
식지 않는 권력욕**

"재상, 황제께서 세상을 떠나셨는데 태후께서 슬피 울지 않은 연유를 아시는지요?" 어린 그가 그 장면을 보았으리라고는 상상도 하지 못했던 조참은 정곡을 찌르는 그에 말에 놀라움을 금치 못했다. 조참이 다시 장벽강에게 물었다. "무엇 때문인지 네 생각을 말해보거라."

"이유는 간단합니다. 혜제에게 아들이 몇 명 있긴 하지만 모두 어립니다. 그래서 나이 든 대신들을 통제하지 못할까 염려하시던 태후께서 조정 대신들을 난처하게 한 것이 아닙니까!" 조참이 어떤 묘책이라도 있는지 묻자 장벽강이 대답했다. "승상께서 태후께 태후의 형제와 친척들을 장군으로 임명해 수도의 금군禁軍을 지위하도록 하고 그들에게 높은 관직을 하사하라고 건의해보십시오. 그러면 태후께서는 분명 기뻐하실 터이니 조정의 대신들은 위기에서 벗어날 수 있을 것입니다." 좋은 방법이라고 생각한 조참은 즉시 그의 말대로 했다. 이렇게 하여 조참 등 대신들은 자신들의 생명을 지켰지만 한나라는 이때부터 차츰 여후의 수중에서 파멸의 길을 걷게 되었다.

여 씨 남자는 왕으로,
여 씨 여자는 유 씨 왕후로

여후는 조참의 건의를 기쁘게 받아들이며 수많은 여 씨 사람들에게 높은 관직을 내렸다. 왕으로 봉해진 사람은 모두 네 명으로, 여록呂祿은 조왕趙王에, 여산呂産은 양왕梁王에, 여태女台는 여왕呂王에, 여통呂通은 연왕燕王에 각각 봉해졌다. 후侯의 작위를 받은 사람은 모두 8명이었는데, 그중 번쾌樊噲에게 시집간 동생 여수呂嬃는 임광후臨光侯에 봉해졌다. 여태후는 여 씨 사람들에게 많은 작위를 내리는 동시에 여 씨 성을 가진 여자들을 유劉 씨 왕후王侯들에게 시집보냈다. 조유왕趙幽王 유우劉友, 조공왕趙共王 유회劉恢, 영릉후營陵侯 유택劉澤, 주허후朱虛侯 유동劉章 모두 유 씨 집안 여자들을 아내로 맞이했다.

여후가 여 씨 남자들을 왕에 봉하고 여 씨 여자들을 유 씨 왕후로 시집보낸 목적은 단 하나, 자신의 통치 세력을 강화하기 위해서였다. 여후는 권력만 손에 쥐고 있으면 아무것도 두렵지 않을 거라고 생각했다.

여 씨를 부인으로 맞은 유 씨 왕후들은 항상 공경하며 모셔야 하는 부처님을 아내로 맞이한 것과 다름없었다. 당당한 남자라고 자처하던 조유왕 유우는 사실 오만스러운 사람이었다. 그는 아내로 맞이한 여 씨 여자를 몹시 싫어해 부인에게 소홀히 대했다. 결과 그 여 씨 부인은 여후에게 찾아가 유우에 대한 험담을 늘어놓기에 이르렀고 이 말을 들은 여후는 유우를 궁으로 불러 잡아가두었다. 이후 냉궁에 갇힌 유우는 굶어 죽었다.

여 씨 여자를 아내로 맞이한 유 씨 왕후들도 유우의 생활과 크게 다르지 않았다. 조공왕 유회는 거만하고 횡포가 심한 부인에게 불만이 많았다. 부인을 적대시하게 된 유회는 다른 여인에게 마음을 주었다. 그러나 냉대를 받던 부인이 술에 독을 타서 유회가 총애하던 여인을 죽여버렸다. 유회는 화가 머리끝까지 났지만 감히 여 씨 집안 사람인 부인과 결판을 낼 수 없었기에 울분을 삼킬 수밖에 없었다. 연령왕燕靈王 유건劉建이 병으로 세상을 떠나자 여후는 그의 아들에게 왕의 작위를 그대로 물려주기는커녕 유건의 대를 끊기 위해 사람을 보내 그 아들을 죽여버렸다.

제왕 유비는 가까스로 여후의 손에서 목숨을 부지했었다. 유비의 아들 유장劉章은 유 씨 왕후 자제들 중 뛰어난 한 사람이라고 평가받았다. 유장은 주허후朱虛侯에 봉해진 뒤 여후의 뜻에 따라 여록의 딸을 아내로 맞이했다. 호탕하고 시원시원한 성격의 유장이 부인을 두려워하지 않으니 그의 부인 역시 그에게 무례하게 굴 수 없었다. 한번은 여후가 후궁에다 연회를 열어 손님들과 술을 마시고 있었다. 이때 유장은 여후에게 주령酒令을 군법처럼 엄하게 다스릴 수 있도록 청을 했고 여후는 술김에 이에 동의했다. 그때 어떤 여 씨 귀족이 술을 밀쳐내자 유장은 곧바로 그를 참수형에 처했다. 호방한 유장은 술기운을 핑계 삼아 〈경전가耕田歌〉를 몇 번이나 읊조렸다. 이 노래에 담긴 뜻을 알고 여후 또한 매우 놀랐지만 유장을 죽이지는 않았다. 〈경전가〉의 가사는 다음과 같다.

심경기종深耕㮣種, 밭을 깊이 갈고 빽빽하게 파종하며,
입묘욕소立苗欲疏. 싹이 자라면 솎음질을 해준다.
비기종자非其種子, 뿌린 씨의 싹이 아니거든,
서이거지鋤而去之. 호미로 솎아버리자.

여후의 낭만적인 사랑

대권을 손에 쥔 여후는 남자들을 곁에 두며 놀기 시작했다. 여후는 잘생긴 벽양후辟陽侯, 심식기審食其와 부적절한 관계였다. 심식기는 본래 유방이 여후에게 보낸 시종으로 집안일을 담당하던 궁중의 부관剕官이었다. 두 사람에 관한 추문은 이미 유방이 살아 있을 때 궁 전체에 떠들썩하게 퍼졌고 유방 역시 이 사실을 알고 있었다. 하지만 여자를 장식품쯤으로 여기던 유방은 이 추문을 전혀 문제 삼지 않았다.

한편, 관고貫高의 모반 계획이 탄로나자 회남 여왕厲王의 어머니가 그 일에 연루되어 옥에 갇혔다. 궁지에 몰린 그녀의 동생은 이 일을 해결해 줄 사람은 여후뿐이라고 생각했다. 여후를 설득하기 위해서는 여후의 총애를 받고 있는 심식기의 도움을 받을 수밖에 없었다. 그는 심식기를 찾아가 사정 설명을 하고 여후에게 잘 말해달라고 부탁했다. 사실 여왕의 어머니는 유방의 총애를 받아 여왕을 낳은 사람으로 여후의 입장에서는 총애를 빼앗은 또 다른 정적인 셈이었다. 여후의 반감을 사 오히려 자신이 화를 입게 될까 두려워했던 심식기는 여후에게 이 일을 살짝 언급하기만 했을 뿐 간청하지 않았다. 결국 위기에서 벗어날 방법이 없었던 여왕의 어머니는 자살을 선택했다.

잘생긴 남자만
골라서 사통

혜제가 즉위하고 권력을 장악한 여후는 아무런 거리낌 없이 공공연히 심식기와 사통했다. 이 사실을 전해들은 혜제는 추악한 이 일을 그냥 두고 볼 수 없었다. 혜제는 심식기를 죽이기 위해 우선 그를 감옥에 가두라고 분부했다. 여후는 아들을 볼 면목이 없었기에 이 일에 관해 아무 말도 하지 않았다. 궁지에 몰린 심식기가 평원군에게 도움을 요청하자 그는 혜제의 총애를 받고 있는 굉적우閎籍孺를 추천했다. 굉적우는 심식기를 대신해 혜제에게 용서를 구하고 혜제는 심식기를 용서해주었다.

그러나 한문제가 즉위하자 여왕은 심식기의 죄상을 낱낱이 고해 바쳤다. 여왕은 과거 태후의 총애를 받던 심식기가 자신의 어머니를 돕기 위해 최선을 다하지 않아 그에게 원한을 품고 있었다. 여왕은 대성통곡하며 이 일을 문제에게 고한 후에 죄인을 심판하는 자리에서 뾰족한 쇠막대로 심식기를 때려죽였다.

권력의 끝에서 최후를 맞이한 여후

여후는 말년에 중국 대부분의 군왕들과 마찬가지로 의심이 많아졌다. 여후가 떠받들던 어린 황제는 점차 자라면서 장황후가 자신의 생모가 아니고 생모는 이미 여후의 손에 죽었다는 사실을 알게 됐다. 분노와 증오심에 불탔던 어린 황제는 세상 물정도 모르고 말을 마구 내뱉었다. "태후가 내 어미를 죽였다. 내가 크면 반드시 복수를 할 것이야!" 이 사실을 알게 된 여후는 대노하여 어린 황제를 유폐시켜 죽이고 또 다른 양자 항산왕恒山王 유의劉義를 황제로 옹립했다.

여후는 신에 대한 믿음이 몹시 강했다. 언젠가 그녀가 신에게 기도를 하기 위해 수행원들과 함께 출궁했다 돌아오는 길에 꿈을 꾸었다. 꿈속에서 자신을 향해 달려오는 흰 개 한 마리가 겨드랑이 아래쪽을 물자 그녀는 놀라서 깼다. 그 꿈이 마음에 걸렸던 여후는 궁으로 돌아오자마자 점을 봤다. 점괘는 죽은 조왕 여의가 짓궂은 장난을 친 것이라 했다. 여후는 이때부터 겨드랑이 아래쪽이 아프기 시작하더니 4개월 만에 병세가 급속도로 악화되었다. 죽음을 예감한 여후는 자신이 죽으면 누구에게 이 나라의 통치를 맡길 것인가에 대해 곰곰이 생각했다. 물론 여후는 여 씨 사람들을 떠올렸다. 그리하여 그녀는 황실의 예법제도를 대대적으로 수정하는 일에 착수했다.

병상에 누워 있던 여후는 조왕 여록을 상장군에 임명해 금군 북군을 지위하도록 하고 양왕 여산에게는 금군 남군을 지위하도록 한다는 중요한 조서를 발표했다. 남군과 북군은 수도의 금위군으로 북군은 수도를 지키고 남군은 황궁을 지키는 일을 담당했다.

여후는 여록과 여산을 불렀다. "여 씨를 왕의 직위에 봉하니 조정의 장상대신들은 이에 불만을 품고 있습니다. 내가 죽은 이후에도 황제가 아직 어려 장상대신들이 어떤 일을 꾸밀지 모르니 두 사람이 남군과 북군의 병권을 장악하고 수도와 황궁을 지켜야 합니다. 무슨 일이 일어날지 모르니 상복을 입더라도 군대를 떠나서는 결코 안됩니다."

기원전 179년, 여후가 세상을 떠났다. 모든 여 씨 사람들은 병력을 동원해 대신들을 모두 없애는 음모를 꾸몄다. 여록의 딸을 부인으로 둔 주허후 유장이 궁에 변고가 생긴 것을 가장 먼저 전해 들었다. 유장은 이 위기 상황을 자신의 형인 제왕弟王 유양劉襄에게 알렸고 그러자 유양은 즉시 병사를 일으켜 여 씨 사람들을 죽였다. 동시에 유장은 태위太尉, 무관의 최상위 직-옮긴이 주발周勃, 승상 진평陳平에게 비밀리에 연락을 취해 이 모든 사실을 알렸다.

**여후 사망 이후,
여 씨 병권도 해체**

제왕 유양이 여 씨 사람들에게 반격을 가하

자 여산은 장군 관영을 급파해 제왕을 공격하게 했다. 하지만 군사들을 이끌고 형양榮陽에 도착한 관영은 진격을 멈추고 제왕과 연합하여 함께 여 씨들을 공격했다. 곡주후曲周侯 역상酈商의 아들 역기酈寄는 여록과 가까운 사이였다. 이미 병권을 잃었던 태위 주발과 승상 진평은 계획을 세웠다. 북군으로 사람을 보내 장병들을 호령할 수 있는 여록의 도장을 뺏어오는 것이었는데, 이 계획을 실행할 가장 적임자는 바로 역기였다.

사람을 보내 역기를 납치한 주발과 진평은 역기를 협박하여 북군의 여록을 속이게 했다. "다른 변고가 생기기 전에 대장군은 즉시 군권과 도장을 반납하고 영지로 돌아가시오." 역기의 말을 듣고도 여 씨들은 망설이며 결정하지 못하고 있었다. 이때 주발이 황제의 조서를 가지고 왔다며 북군으로 들어가 장군과 군사들에게 "여 씨를 따르는 자들은 우단右袒이고 유 씨를 따르는 자들은 좌단左袒이다. 여기 있는 그대들은 모두 좌단이다"라고 거짓 조서를 발표했다. 이렇게 해서 여 씨의 병권은 모두 해체되었다. 그리고 유장은 입궁하여 여산과 여록을 포함하여 남녀노소를 불문하고 모든 여 씨 사람들을 죽였다.

3

여인들이 철저히 지배한 위나라의 황실

위나라 감로 4년(259년)에 태어난 사마충은 사마염의 둘째 아들로 사마염과 양염황후 사이에서 태어난 적장자였다. 장자를 계승자로 삼는 제도에 따라 사마충은 아무런 걸림돌 없이 태자의 자리에 올랐다. 하지만 그는 어리석은 바보였는데…….

여인들에게 눈이 멀어
어리석은 황태자를 임명하다

진무제晉武帝 사마염司馬炎은 중국 역사상 뛰어난 황제로 꼽혔다. 중국을 통일하여 진왕조를 세우는 대업을 이룬 후에 사마염은 정사 돌보기를 뒤로하고 음주가무에 빠져 지냈다. 직언에 귀 기울이고 인재 등용을 중시하던 사마염은 여색도 무척 좋아했다. 동오東吳를 무찌른 후 수천만의 오나라 미인들은 사마염의 차지가 됐다. 사마염은 그중에서 5천 명을 골라 후궁전에 입궁시켰는데 기존에 있던 수천 명의 여인들과 모두 합하면 후궁전의 미인들은 거의 만 명에 달했다. 그렇다면 어떻게 이 미인들과 즐길 수 있었을까? 사마염은 양차羊車를 발명했다. 양차에 앉아 양차가 가는 대로 몸을 맡긴 후 양차가 누군가의 궁실 앞에 서면 그 궁실의 주인과 하룻밤을 보내는 방법이었다. 이 양차는 진무제 사마염 때문에 후대에까지 이름을 남겼다.

　황제라는 뜻을 이룬 사마염은 득의양양했다. 한편, 문학가 좌사左思는 십여 년간 집필하여 《삼도부三都賦》를 편찬했다. 대학자 중서령中書令 장화張華가 이 책을 보고 탄복하며 칭찬을 아끼지 않았다. 《삼도부》가 명성을 날리자 사람들은 앞다투어 이 책을 읽었고 대량으로 사들이면서 일순간 낙양에 종이가 귀해지는 일까지 벌어졌다. 이에 인재를 중시하던 사마염은 좌사의 재능을 높이 샀다. 좌사에게 문필과 재능이 뛰어난 여동생 좌분左棻이 있다는 이야기를 들은 사마염은 그녀를 후궁전에 입궁시켜 수의修儀에 봉했다가 곧 귀빈貴嬪으로 책봉했다. 하지만 평범한 외모를 지녔던 좌분이 재능만으로 호색한인 사마염의 마음을 움직일 수 있었겠는가? 입궁한 후 황제의 총애가 시들해지자 좌분은 줄곧 시와 글을 쓰면서 자신을 위로하며 지냈다. 싫증을 잘 내던 사마염의 성격이 좌분의 일생을 망쳐 평생 외롭고 불행하게 살도록 했다. 또한 그는 황위 계승자 선택의 실패로 피땀 흘려 세운 서진의 운명을 나락으로 빠트렸다. 과감하고 용맹한 사마염이었지만 마음은 여자처럼 연약하고 부드러웠다. 후계자를 잘못 세우는 엄청난 실수를 저지른 그는 태자비를 책봉하는 문제에서 확실한 견해를 가지고 있었지만 결정적인 순간에 또 다시 잘못을 저지르고 말았다. 이렇게 하여 서진 왕조의 짧은 운명이라는 불행의 씨앗이 심어지게 된 것이었다.

**많은 여인들 사이에서
26명의 아들을 둔 사마염**

사마염이 총애하던 여인들은 많았는데, 그녀들은 줄줄이 26명의 아들을 낳았다. 26명의 아들 중에 용맹하고 똑똑한 자들이 많이 있었으나 장자 사마궤司馬軌가 요절하고 차남 사마충이 사실상 장자가 되었다. 적장자가 계승자가 되는 법칙에 따라 사마충이 태자의 자리에 올라야 했지만 그는 세상 물정 모르는 바보 멍청이었다.

위나라 감로 4년259년에 태어난 사마충은 사마염의 둘째 아들로 사마염과 양염황후 사이에서 태어난 적장자였다. 장자를 계승자로 삼는 제도에 따라 사마충은 아무런 걸림돌 없이 태자의 자리에 올랐다. 태시泰始 3년267년 정월, 사마충이 여덟 살 되던 해 무제 사마염은 사마충을 황태자로 책봉한 것이다.

어떻게 사마염이 이런 바보 아들에게 나라를 맡길 결심을 했을까? 감히 종법을 어길 수 없었기 때문이었나? 개국황제로서 이런 법칙쯤은 과감하게 어길 수 있는 문제였다. 사마충의 우매함에 대해 일찍이 신하들이 상주문을 올렸기 때문에 대신들도 모두 사마충에 대해 잘 알고 있었다. 아주 흥미로운 사건이 있었다. 하루는 사마충이 태자 사부師傅 이희李憙에게 《맹자孟子》와 《공손公孫》에 대해 배우고 있었다. 이때 사마염이 순욱荀勖과 화교和嶠를 동궁전으로 보내 태자의 언행을 살피라 분부했다.

이희가 《맹자》에 관해 자세히 설명했다. "측은한 마음이 없고, 선악의 마음이 없고 사양하는 마음이 없고 시비를 가리는 마음이 없다면 아무도 따르지 않을 것입니다. 군주는 반드시 이 네 가지 마음을 잘 길러야 하는데, 특히 측은한 마음을 가지는 것이 중요합니다. 측은한 마음을 가지고 있어야 비로소 백성들을 사랑할 수 있습니다. 옳고 그름을 가리는 마음이 있어야 비로소 선악을 분별할 수 있습니다. 군주가 시비를 분명하게 분별하지 못하면 깨끗한 정치를 할 수 없고 공과 사를 구분하지 못하고 상과 벌을 구분하지 못하게 됩니다. 군주의 근본은 사심 없이 오직 나라와 백성들을 위하고 공명정대해야 합니다. 그래야만 비로소 청명한 정치를 펼칠 수 있습니다."

황후의 말 한마디로 태자가 된
어리석은 사마충

당시 문밖에 비가 추적추적 내리자 사방에서 개구리 울음소리가 은은하게 들려왔다. 반나절 동안 수업을 듣고 있던 사마충은 공과 사를 구별해야 한다는 말 이외에 다른 말은 거의 알아듣지 못하고 있었다. 이희가 사마충에게 질문이 있는지 물었다. 개구리 소리에 귀를 기울이고 있던 사마충은 엉겁결에 그만 엉뚱한 말을 내뱉고 말았다. "정원에 있는 개구리 울음 소리는 공公을 위한 것입니까? 사私를 위한 것입니까?" 이 말에 이희는 실망감을 감추지 못하고 '쓸모 없는 나무에 조각을 새기고 있었구나!'라며 탄식했다.

수업을 마치고 순욱와 화교는 태자와 함께 점심을 먹었고 그 자리에 이희도 함께 동석했다. 먹는 것을 좋아했던 태자 사마충은 산해진미를 닥치는 대로 먹어치워 피부가 하얗고 뚱뚱했다. 심궁에서 자란 사마충이 줄곧 부귀영화를 누리며 살긴 했지만 음식을 소중하게 여기지 않는 것은 걱정스러운 일이었다. 이를 보고 그냥 지나칠 수 없었던 이희는 사마충에게 완곡하게 말했다. "전하, 그릇 속의 쌀밥은 한 톨 한 톨 모두 농민들이 힘겹게 농사를 지어 얻게 된 것입니다. 전하께서는 농사가 얼마나 힘든 일인지 아셔야 합니다. 올해 흉작으로 인해 백성들 모두 먹을 양식이 없어 배고픔에 허덕이고 있습니다." 이 말을 들은 사마충은 매우 이상하다며 불쑥 말을 내뱉었다. "쌀이 없으면 고기를 먹으면 되지 않느냐?" 이 말을 들은 이희는 웃을 수도 울 수도 없었다.

태자를 관찰하고 돌아온 순욱과 화교는 근심에 싸였다. 이처럼 우매한 태자를 보고 국사의 중책을 맡기기 곤란하다고 판단한 그들은 이러한 사실을 황제에게 알려야 했다. 먼저 순욱이 자신의 생각을 말했다.

"이러한 사실을 말하는 것은 결코 간단한 문제가 아닙니다. 양황후께서 줄곧 태자 교체를 반대해 왔고 황제께서 양황후를 경외하고 계시다는 사실을 알아야 합니다. 그렇다면 우리는 어떻게 해야 할까요? 만약 우리가 사실 그대로 상주문을 올린다면 황후께서 벌을 내리실 것이 분명하니 앞으로 우리의 운명이 어떻게 될지 예측하기 어렵습니다."

순욱은 국가의 미래는 전혀 고려하지 않은 채 오직 자신의 안위만을 염려했다. 물론 그의 말은 매우 현실적이고 가능성 있는 말이었다. 결국 순욱의 이러한 이기심 때문에 진 왕조의 멸망은 더욱 가속화되었다. 화교는 침묵으로 일관할 뿐이었다. 순욱은 황제에게 태자의 심성이 어질고 너그러우며 시비와 공사를 구별할 줄 알고 사부 이희와 서로 토론할 수 있는 실력을 갖추었으며 덕업과 학문에 상당한 진보가 있다고 말했다. 이 말을 들은 무제는 속으로 무척 기쁘긴 했지만 우매한 아들이 과연 그렇게 발전했는지 마음을 놓을 수 없었다. 그래서 화교에게 태자가 어떠한 발전이 있었는지 물었다. 그러자 화교는 "어질고 후덕한 태자의 심성이 종전과 같습니다"라고 모호하게 대답했다.

태자 사마충이 우둔하다는 사실을 잘 알고 있던 무제는 아들이 국가의 중책을 맡기 힘들다는 사실도 잘 알고 있었다. 하지만 양황후는 태자 교체에 반대했다. 양황후의 이름은 양염楊艶이고 자는 경예瓊藝로 섬서陝西 화양華陽 사람이었다. 부친 양문종楊文宗은 위魏나라 시절 공로를 인정받아 모정후茅亭侯로 봉해진 귀족이었다. 매우 아름다웠던 양황후는 명문가 출신으로 무제 사이에서 삼남삼녀를 낳았다. 장자가 요절하고 둘째 사마충이 적자 중에서 장자가 되었다. 무제는 태자가 발전이 없고 천성이 우둔하여 국사를 맡기기 어렵다는 걱정스러운 말을 여러 차례 했었다. 그럴 때마다 양황후는 웃음 띤 얼굴로 "아들이 비록 총명하지 못하나 충성심이 깊고 심성이 고우니 잘 교육한다면 분명 발전이 있을 것입니다."라고 말하며 반박했다. 이 말을 들은 무제가 말했다. "지금 태자를 교체해도 아직 늦지 않았소." 양황후는 고개를 내저으며 "태자의 명분은 이미 정해져 있는 것으로 결코 쉽게 바꿀 수 없는 것입니다. 적장자가 태자가 되는 것이 법도인데 이 법도를 깨면 훗날 어찌 분란이 일어나지 않겠습니까?"라며 뜻을 굽히지 않았다.

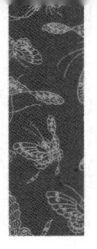

순조롭지 않은 태자비 선정

결단력 있는 무제 사마염도 미인 앞에서는 결정을 내리지 못하고 우유부단해졌다. 무제는 순욱을 신임했고 특히 그의 깊은 학문과 뛰어난 재능에 감탄했기 때문에 태자에게 발전이 있다는 순욱의 말을 차츰 믿고 마음을 놓으며 태자 교체를 더 이상 고려하지 않았다. 세월이 흘러 태자가 열세 살이 되자 당시 관례에 따라 태자비를 선정해야 했다. 태자비 선정은 황가뿐 아니라 온 국민에게도 몹시 중요한 일이었다. 이 태자비가 바로 미래의 국모가 되어 나라의 모든 여인들의 본보기로서 후궁전에 앉을 사람이었기 때문이다. 황제의 친인척과 왕공대신들은 황가와 혼인 관계를 맺어 집안의 영예를 누릴 수 있도록 집안 여인들을 물색하는 등 적극적인 활동을 펼쳤다. 후보자들은 모두 새로운 후족 세력을 형성할 수 있는 가족의 대표자였다.

　무제는 정벌 전쟁 중에 동쪽 정벌을 성공한 대장군 위관衛瓘을 높이 평가했다. 위관의 가족에 대해 잘 알고 있었던 무제는 피부가 희고 아름다우며 풍채를 갖춘 위관의 딸을 매우 마음에 들어 했다. 위관의 경쟁자는 바로 진의 개국 공신인 가충賈充이었다. 가충에게는 네 딸이 있었는데, 전처 이 씨 소생의 두 딸과 후처 곽 씨 소생의 두 딸이 있었다. 장녀 가전賈荃은 이미 사마사司馬師의 아들 제왕齊王 사마유司馬攸와 결혼한 뒤였다. 가충은 차기장군에 임명되고 조정의 재상의 업무를 담당하는 고위 관료였다. 가장 관건은 과거 사마염이 태자의 자리에 오를 때 가충의 도움이 컸다는 점이었다. 그래서 사마염은 줄곧 가충을 신임해왔다.

**권력을 얻고자
딸을 이용**

사마염의 각별한 총애와 신임을 받고 있던 가충은 황제와 황후의 비위를 맞추기 위해 아첨하면서 또 한편으로는 정직한 대신들을 제외하고 사당을 조직하여 사리사욕을 꾀했다. 북서지역의 강족羌族 귀족들이 반란을 일으켜 전쟁이 끊이지 않자 섬서성과 감숙성 일대가 혼란에 빠지면서 백성들이 어려움을 겪었다. 진나라 왕조는 반란지를 평정할 장군을 급히 파견하기로 했다. 시중侍中 왕순王恂과 임개任愷가 가충을 추천했다. 무제는 무장들 중에서도 가충이 최고 적임자라고 판단하고 가충에게 관중關中, 섬서성 위하 유역 일대 - 옮긴이에 주둔할 것을 명하였다. 떠나는 가충을 위해 마련된 연회에서 가충과 친분이 깊었던 순욱은 가충이 관중으로 떠나고 싶어하지 않는다는 사실을 잘 알고 있었다. 가충을 위해 여러 가지 묘책을 강구하던 순욱은 어지를 거스르지 않으면서도 가충이 수도에 남아 있을 수 있는 방책을 생각했다.

무제의 심복이었던 순욱은 심계에 능하던 가충과 배짱이 맞아 매우 가까운 사이였다. 가충은 평양平陽 사람으로 가 씨 가문은 이 일대의 명문 귀족이었다. 가충은 일찍이 사마소司馬昭와 함께 모의하여 위나라 제왕 조모曹髦를 죽이고 황위를 찬탈한 인물이었다. 이를 증명하듯, 서진西晉 초기에 수도에는 이러한 가요가 울려 퍼졌다. "가賈, 배裴, 왕王 나라의 질서를 어지럽히고, 왕王, 배裴, 가賈 천하를 구제하네." 이것은 가충, 배수裴秀, 왕심王沈이 사마 씨를 도와 조曹나라와 위魏나라를 멸망시켰다는 내용이다. 이 세 사람은 모두 서진의 개국 공신으로 특히 가장 나이가 많은 가충이 총애를 받아 교만한 모습으로 조정 안팎에 세력을 뻗쳤다.

음험하고 교활하며 아첨하는 재주가 뛰어났던 가충은 조정의 중신인 태위태자태부太尉太子太傅 순욱, 시중중서감侍中中書監 갈욱葛勖, 월기교위越騎校尉 풍담馮紞과 사당을 조직해 시중 배해裴楷와 임개, 하남河南의 엄유순儼庾純 일파에 맞섰다. 서로 세력이 비슷한 두 파는 옥식각신하며 여러 차례 세력 대결을 했다. 가충을 관중으로 파견하는 일은 사실 왕순과 임개가 모의한 일이었다. 이 일로 첫 번째 싸움에서 패할 위기에 처하자 가충과 순욱 등은 결코 이를 좌시하며 순순히 받아들일 수 없었다.

순욱이 가충에게 말했다. "공께서는 조정의 재상인데 이대로 임개 일당들에게 당할 수는 없습니다! 황상께서 명을 거두실 수 있도록 하는 방도가 제게 있습니다." 가충이 그 계책을 묻자 순욱이 대답했다. "지금 태자의 혼사 문제가 거론되고 있습니다. 만약 태자와 혼인이 성립되면 수도에 남아 있을 수 있습니다." 가충은 자신에게 딸이 많다는 사실이 문득 떠올랐다. 하지만 이 일에 앞장세울 만한 적임자가 누굴까? 순욱은 자신이 한번 해보겠다며 자청했다. 사실 순욱이 나선다면 이미 반은 성공한 것이나 다름없었다.

**위관의 딸과
가충의 딸들 비교**

순욱은 곧장 이 일에 착수했다. 우선 가충의 아내인 곽괴郭槐에게 황후의 심복들에게 뇌물을 건네라 시켰다. 뇌물을 건네면서 황후에게 가충의 딸이 단정하고 총명하며 현덕하고 아름다워 태자비의 적임자라고 말해주길 청하라는 것이었다. 그 결과 측근들의 말을 들은 양황후는 가충의 딸에게 호감을 가지며 이러한 명성을 가진 여인이라면 분명 좋은 사람일 거라 생각했다. 이와 동시에 순욱은 같은 일파 사람들과 함께 일반 관리들과 여러 모임을 가지면서 가충의 딸이 재덕을 겸한 드문 인재라며 크게 칭찬했다. 얼마 후, 순욱은 가충의 딸이 정숙하고 현덕하니 태자비 후보에 올려줄 것을 청하는 상서를 무제에게 올렸다. 무제 사마염은 줄곧 아무런 태도를 보이지 않았지만 마음에 점 찍어둔 태자비가 있었다. 그는 양황후에게 태자의 혼사문제에 대한 의견을 물었다. 그러자 양황후는 여러 사람에게 가충의 딸이 재색을 겸비했다고 들었다며 분명 뛰어난 여인일 거라고 말했다. 그러자 무제는 위관의 딸은 어떠한지 물었다. 그러자 양황후는 위관의 딸에 대해 칭찬하는 사람이 거의 없으니 분명 평범한 인물일 거라 생각한다고 말했다.

무제 사마염은 고개를 내저으며 가 씨 집안 여자들이 안 되는 이유가 다섯 가지 있다고 말했다. 양황후가 그것이 무엇인지 묻자 무제는 "가 씨 일가들은 사납고 질투가 심하고, 아들을 많이 낳지 못하고, 키가 작고, 피부가 까맣고, 얼굴이 못생겼는데, 이것이 바로 가 씨 여자들이 안 되는 다섯 가지 이유입니다. 그중에서 한 가지만 가지고 있어도 안 되는데 하물며 다섯 가지 결점을 다 가지고 있지 않습니까? 하지만 가 씨 집안과 반대로 천성이 인자한 위 씨 집안 여인들은 다섯 가지 장점을 가지고 있습니다. 천성이 인자하고, 피부가 하얗고, 키가 크고 날씬하며, 아름다운 외모와 특히 집안에 아들이 많습니다." 이처럼 가 씨와 위 씨는 완전히 다른 조건을 가지고 있었다.

하지만 양황후는 이미 가충의 딸에게 호감을 가지고 있었기 때문에 여전히 황태자비로 가 씨가 적합하다고 생각했다. 고집이 세던 양황후는 끝까지 가충의 딸을 태자비로 삼아야 한다고 주장했다. 그러자 무제는 더 이상 아무 말도 하지 않았다.

가 씨 집안 여자들이 대대로 사납고 질투가 심하다는 이야기는 질투심이 많기로 유명했던 가충의 지금 아내 곽괴 때문이었다. 가충의 조강지처는 아름답고 현명하며 지혜로운 이 씨였다. 이 씨의 아버지 이풍^{丰}이 위나라 시절 죄를 지어 사형당하면서 이 씨 일가는 모두 연좌제로 멀리 쫓겨났다. 이때 가충이 이 씨와 이혼하면서 곧이어 곽괴를 아내로 맞이했다.

**질투심 많은
가충의 아내 곽괴**

사마 씨가 진나라를 건국한 이후 대사면을 실시하면서 쫓겨났던 이 씨가 다시 낙양으로 돌아오게 됐다. 당시 이 씨와 가충 사이에서 난 딸 가전은 이미 제왕 사마유의 왕비였다. 이 씨가 정숙하고 현명한 여인이라는 사실을 알고 있었던 무제 사마염은 가충 부부가 다시 함께 살 수 있도록 하기위해 부인과 첩을 구분하지 않고 동등한 지위의 아내 두 명을 거느릴 수 있도록 허락했다. 이 사실을 알게 된 곽괴는 한바탕 큰 소란을 피우며 이 씨를 가 씨 집안에 들일 수 없다며 단호하게 반대했다. 방법이 없었던 가충은 부인을 두 명 두라는 무제의 명을 정중히 거절했다.

어머니를 몹시도 사랑하던 가전은 아버지 가충과 어머니가 함께 할 수 있도록 무척 애를 썼다. 하지만 부인 곽괴를 두려워하던 가충은 몰래 이 씨를 낙양성 안의 영년리永年里에 거처를 마련해 주었지만 오랫동안 그곳에 발걸음할 수가 없었다. 이 씨를 부인으로 들이려고 했던 사건 이후 곽괴는 항상 긴장감을 늦추지 않고 가충의 행동을 주시했다. 가충이 밖에 나가면 즉시 사람을 보내 미행하게 해 이 씨와 몰래 만나지 못하도록 했다. 가충은 곽괴라는 부인 이름만 들어도 깜짝 놀랐기 때문에 동료들은 이에 관해 우스갯소리를 했고 자연히 무제의 귀에도 이 이야기가 들어가게 됐다. 가충이 사납고 질투가 심한 부인 곽괴를 두려워한다는 사실은 조정 안팎에 모르는 사람이 없을 정도였다.

선비족의 추장인 독발수기능禿發樹機能이 진주秦州와 옹주雍州를 침략했다는 소식에 안절부절못하던 사마염은 가충을 특사로 임명하고 진주와 양주凉州의 군사들을 이끌고 소란을 진압하라는 명을 내렸다. 하지만 가충은 차일피일 출정을 미루었다. 태자비 간택 문제로 의견이 분분한 가운데, 가충의 딸이 태자비로 거론되기도 했기 때문에 무제 역시 장인이 될지 모르는 가충에게 빨리 수도를 떠나라 재촉할 수 없었다. 왕황후는 가 씨의 딸을 태자비 감으로 주장하고 있었고 무제는 침묵으로 일관하고 있었다.

곽괴 슬하에는 두 딸이 있었다. 곽괴의 첫째딸은 가남풍賈南風이고 둘째딸은 가오賈午였다. 가남풍은 열다섯 살, 가오는 열두 살로 두 딸은 모두 결혼 적령기에 있었다. 태자보다 두 살 많은 가남풍은 성숙했으며 여인의 자태가 풍겼다.

하지만 가남풍은 키가 작고 피부가 까만 것이 어머니와 꼭 닮은 모습이었다. 결정적으로 거만하고 시기 질투가 심하고 거칠고 급한 성격까지 그대로 빼닮은 것이 문제였다. 명문 귀족 집안의 안주인의 큰 딸로 태어난 가남풍은 어머니 곽괴가 애지중지 키웠기 때문에 어릴 때부터 응석받이로 자라 제멋대로 행동했다. 이러한 여인이 태자비로 간택되어 훗날 국모의 자리에 오르면 황실이 안정할 수 없고 진나라 왕조의 미래 또한 불 보듯 뻔한 일이었다.

살인도 마다않는 여인의 질투

진무제 태시泰始 8년272년에 열네 살이던 태자 사마충이 가남풍을 태자비로 맞이했다. 어리석은 사마충이 가남풍의 상대가 되기나 했겠는가? 예상대로 사마충이 가남풍에게 꼼짝하지 못하게 되면서 결국 가남풍이 동궁을 장악했다. 가남풍은 그녀의 어머니 곽괴와 마찬가지로 질투심이 매우 심했다. 일단 화가 나서 발작을 하면 아무도 말릴 수 없을 정도로 한바탕 큰 소란을 피웠다.

　곽괴는 예전에 아들 둘을 낳았지만 과민할 정도로 질투심이 심했던 탓에 두 아들 모두 일찍 잃고 말았다. 세 살이 된 첫째 아들은 줄곧 활발하고 총명하여 매우 귀여웠다. 아이가 태어나면 유모가 아이들을 길렀기 때문에 자연히 유모와 가충이 가까이 할 기회가 많았다. 하루는 유모가 아이를 안고 함께 놀고 있었는데 가충이 왔다. 아이는 아버지를 보자마자 두 손을 뻗으며 가충에게 안기려고 했다. 아들을 몹시도 예뻐하던 가충은 다가가서 유모의 품에 안겨 있는 아들을 안았다. 이 모습을 곽괴가 보고 만 것이다. 그녀는 가충이 유모의 곁으로 다가가는 모습을 보고 두 사람 사이를 의심하면서 갑자기 크게 화를 냈다.

곽괴는 씩씩거리며 유모에게 걸어가 미친 듯이 유모를 두들겨 팼다. 이렇게 유모는 질투심에 불타던 곽괴에게 맞아 죽고 말았다.

유모의 처참한 울부짖음과 신음소리는 어린아이의 마음을 갈기갈기 찢어놓았다. 이때 큰 충격으로 아이는 시름시름 앓기 시작했다. 유모가 죽고 유모를 볼 수 없게 되자 아이는 밤마다 울음을 그치지 않았고 병세는 더욱 깊어져 갔다. 결국 얼마 후 아이도 죽고 말았다. 곽괴가 성질을 부려 아이가 죽는 지경에 이르렀지만 후회해도 소용없는 일이었다. 하지만 똑같은 비극은 또 다시 재현되었다. 둘째 아들이 태어난 지 일 년이 안됐을 무렵이었다. 둘째도 마찬가지로 유모의 손에서 자랐다. 하루는 유모가 아이를 안고 있는데 가충이 다가와 아이의 머리를 쓰다듬어 주었다. 이 모습을 지켜본 곽괴는 유모가 가충을 유혹하는 것이라 생각하고 또 유모를 때려죽여버렸다. 한 살도 안된 둘째 아들은 유모를 잃은 충격으로 아무것도 먹지 않고 밤새도록 울다가 결국 세상을 떠나고 말았다.

**질투에 눈멀어
임신한 궁녀를 찔러 죽이다**

가남풍의 질투심은 그녀의 어머니인 곽괴보다 더 심했다. 가남풍은 태자궁에서 유아독존, 안하무인이었다. 만약 자신을 불쾌하게 만들거나 눈에 거슬리는 사람이 있으면 참지 못하고 걸핏하면 궁에 있는 사람들을 죽여버렸다. 태자의 아이를 가진 궁녀가 곧 출산에 임박했다는 소식을 들은 가남풍은 화가 머리끝까지 치밀어 올라 그 궁녀를 자신의 앞에 끌고 오게 했다. 가남풍은 그 궁녀를 보자마자 옆에 있던 짧은 창을 잡아채어 순식간에 궁녀의 볼록 솟은 배를 찔렀다. 궁녀와 뱃속의 아기는 시뻘건 피를 내뿜으며 그 자리에서 죽고 말았다.

동궁에서 일어난 이 끔찍한 이야기는 순식간에 황궁에 퍼져 무제 사마염의 귀에까지 들어갔다. 사마염은 양황후의 말을 듣고 제멋대로 나쁜 짓을 일삼는 며느리를 들인 것을 땅을 치며 후회했다. 이때 폐위된 후비들을 수용하는 전문 시설인 금용성金墉城의 수리가 막 끝난 상태였다. 도를 넘는 행동을 일삼는 가남풍을 폐위시켜 이 금용성에 보내고 다시 현명하고 정숙한 여인을 태자비로 맞이할 계획이었다.

하지만 가남풍 뒤에 막강한 세력을 가진 가족들이 버티고 있었기 때문에 궁이나 조정에서 그녀를 두둔하고 나서는 인물들이 많았다. 사마염은 태자비의 행동에 몹시 분노하고 태자비 폐위 문제를 거론하자 조정은 또 다시 시끌벅적해졌다. 가충의 사당인 순욱, 양요楊珧와 충화充華, 조찬趙粲 등 대신들이 가남풍을 대변해주며 그녀를 돕기 위해 적극적으로 나섰다.

당시 양염황후가 이미 죽었던 때라, 그 뒤를 이어 새롭게 황후의 자리에 오른 양지황후楊芷皇后와 가충과 친하게 지내던 대신들이 함께 사마염을 찾아가 다시 한 번 가남풍을 위한 중재인 역할을 했다. 이렇게 하여 태자비 폐위 문제는 다시 수그러들었다. 양지황후는 가남풍을 엄격하게 훈계하며 행동에 주의하라고 당부했다. 하지만 가남풍은 자신을 도와준 양황후에게 감사하는 마음을 갖기는커녕 사마염이 자신을 폐위하려고 한 것이 양황후의 뜻이라고 생각하고 양황후를 몹시 미워했다.

아들을 낳지 못한 태자비,
아들을 낳은 궁녀

태자 문제는 줄곧 사마염의 근심이었다. 태자 교체에 대해 황후의 반대 의사가 너무도 확고부동 하자 사마염도 태자 교체에 대한 생각을 접었다. 그런데 이때 태자가 백치라고 말한다면 천하를 세운 자신의 얼굴에 침 뱉는 것과 다름없는 일이었다. 하지만 조정 대신들이 줄곧 태자가 어리석다고 여기고 있으니 대신들의 입을 막을 방법을 강구해야 했다. 그래서 사마염은 큰 연회를 열어 조정대신들을 모두 모아놓고 태자를 실험하겠다는 황당한 생각을 내놓았다.

태자에게 남녀관계를 가르쳐주며
아들을 낳은 사구

연회는 매우 성대하게 차려졌다. 조정 대신들과 태자궁에 있는 높고 낮은 관리들이 모두 연회에 참석했다. 취기가 올랐을 무렵, 사마염의 심복들 몇 명이 상주문을 올려 큰 사건 몇몇을 처리해 달라고 청했다. 사마염은 그 상주문을 봉하여 태자가 처리하도록 동궁으로 보냈다. 이 사실을 알게 된 태자비 가남풍은 황제의 의도를 알아채고 똑똑한 심복들에게 공문을 대신 쓰도록 했다. 이 심복은 학문에 뛰어나고 총명하며 정무에 정통한 사람이었기 때문에 그가 대신해서 쓴 공문은 흠잡을 데가 없을 정도로 완벽했다. 가남풍의 또 다른 심복인 장홍張泓은 그 글을 대충 훑어보고는 뛰어난 문장력에 감탄하면서도 이 글이 황제에게 보이기 적합하지 않다고 했다. 조정대신들과 황제 모두 태자가 똑똑하지 못한 것을 알고 있는데 이렇게 훌륭한 문장을 본다면 분명 태자를 의심할 게 분명하니 문장을 간결하고 명료하게 고쳐 쓰는 것이 좋겠다고 말했다. 그의 말이 일리가 있다고 생각한 태자비는 장홍에게 명하여 글의 초안을 잡고 태자가 그것을 베껴 써 황제에게 보내도록 했다. 이렇게 해서 작정된 글을 받아든 사마염은 기쁨을 감추지 못하며 태자 교체를 거론했던 태자소보 위관에게 보여줬다. 물론 태자가 직접 쓴 것이 아니라는 사실을 알았지만 이때 위관이 무슨 말을 할 수 있었겠는가? 이때부터 대신들은 더 이상 태자 교체 문제들을 거론할 수 없었다.

그날 이후 태자의 지위가 확실히 보장되자 동궁도 화목한 분위기였다. 태자비 가남풍은 아들을 낳기 위해 애썼지만 줄줄이 딸만 넷 낳았다. 이에 몹시 화가 나 있던 태자비는 임신한 궁녀에게 화풀이를 하며 직접 임신한 궁녀 두 명을 죽였고 다른 궁녀들이 태자 근처에도 접근하지 못하도록 했다. 사실 이때 태자에게는 이미 아들이 한 명 있었다. 본래 태자가 부인을 맞이하기 전에 무제 사마염은 남녀의 성관계에 대해 잘 알지 못하는 어린 태자를 위해 특별히 성숙하면서도 궁의 규범을 잘 알고 있던 재인 사구謝玖를 동궁으로 보내 태자를 가르치도록 했다. 사구는 태자의 잠자리 시중을 들며 남녀가 관계를 가지는 방법을 가르쳐주었다. 그래서 가남풍이 동궁으로 들어왔을 때 사구는 이미 임신한 몸이었다.

**어린 영재도 결국
여인들에게 빠지다**

태자비가 자신을 용납하지 못할 거란 걸 안 사구는 서궁으로 돌아가게 해달라고 무제에게 청했다. 열 달을 채우고 사구는 아들 사마휼司馬遹을 낳아 무제의 후궁전에서 길렀다. 사마휼이 세 살이 되던 해, 어느 날 태자가 아버지에게 문안 인사를 드리기 위해 후궁전을 찾았다가 사마휼을 보고 함께 놀아주었다. 이를 본 사마염은 그때 처음으로 태자와 사구 사이에서 난 아들이란 사실을 알려주었다. 하지만 태자는 자신과 전혀 닮지 않은 아들을 보면서 몹시 의아해 했다. 태자는 매우 어리석었지만 태자의 아들은 매우 총명하여 무제 사마염이 이 손자를 몹시 아끼고 사랑했던 것이다. 사마휼이 다섯 살이 되던 어느 날 밤, 궁중에 불이 나 활활 타는 불길로 하늘이 훤해졌다. 무제가 밝은 불빛에 서 있자 어린 사마휼이 무제의 옷을 끌며 어두운 곳으로 갔다. 이를 이상하게 생각한 무제는 그 연유를 물었다. 그랬더니 어린 사마휼이 "늦은 밤에 불이 나 매우 어지러운 상황이라 어떤 예기치 못하는 일이 발생할지 모르는데, 황제께서 밝고 훤한 곳에서 모습을 그대로 드러내는 것은 위험한 일이옵니다."라고 말했다. 무제는 놀란 눈으로 다섯 살 난 아이를 바라보며 '이렇게 총명한 아이가 어떻게 어리석은 태자의 자식일 수 있단 말인가!'라며 감탄했다.

사마충을 폐위시키겠다는 마음을 접은 사마염은 왕조 부흥의 희망을 이 총명한 황손에게 걸었다. 사마염은 태자의 부족함을 이 황손이 채워줄 수 있다고 생각했다. 그래서 사마염은 항상 대신들과 시중들 앞에서 이 아이가 바로 사마 씨 가문을 일으킬 사람이라고 격찬했다. 사마염의 칭찬으로 황손의 명성은 천하에 널리 퍼졌고 조정 안팎의 대신들은 모두 태자가 앞으로 아무리 많은 아들을 낳더라도 황제에게 총명하고 비범한 손자는 사마휼 한 사람뿐이라는 사실을 알았다.

천문 관측에 뛰어난 어떤 사람이 사마염에게 상주문을 올려 광릉廣陵 일대에 상서로운 기운이 자욱한데 이것은 곧 천자의 기운이라고 말했다. 황손을 무척이나 아끼던 사마염은 황손 사마휼을 광릉왕廣陵王으로 봉하고 식읍 5만 호를 하사했다. 또한 석학과 대학자들을 스승으로, 맹형孟珩을 친구로 선발하고 양준楊准과 풍손馮蓀으로 하여금 문학을 가르치도록 했다. 태자 사마충이 황위에 오르자 자연스럽게 사마휼이 태자의 자리에 오르면서 덕망이 높은 대신들 중 태자의 사부師傅를 뽑았다. 하소何劭는 태사太師로, 왕융王戎이 태부太傅로 임명되었고, 양제가 태보太保에 배해裴楷가 소사少師에 장화가 소부少傅에 화교가 소보少保에 각각 임명되었다. 하지만 한무제 사마염과 모든 대신들이 사마휼에게 걸었던 기대가 너무 컸던 탓일까? 성장한 사마휼은 모든 사람들의 기대에 어긋났고 실망만 안겨주었다. 기록에 따르면 사마휼은 자란 뒤에 공부하기를 싫어하고 양차 타는 것만 좋아하며 미인을 밝혔다고 한다.

정변으로 확대된 여인들의 싸움

호색한이었던 사마염은 밤마다 양차를 타고 후궁전을 돌았다. 차츰 몸이 쇠약해지더니 결국 병에 걸려 일어나지 못했다. 태희太熙 원년290년 4월에 사마염은 낙양 함장전含章殿에서 제위 26년 만에 쉰다섯 살의 나이로 생을 마감했다. 그리고 태자 사마충이 황위에 올라 진혜제晉惠帝가 되었다. 양지황후는 황태후로 존숭되었고 태자비 가남풍은 황후의 자리에 올랐다. 양지의 부친 양준楊駿은 태위, 태부, 대도독大都督 직에 있으면서 군정을 통솔하고 조정의 정무를 총괄했다. 사실 군정과 궁중의 대권을 양준 부녀가 모두 거머쥐고 있는 셈이었다. 황후 가남풍이 이를 가만 두고 볼 리 없었기 때문에 진나라 후궁전에 일대 피바람이 불 것이 예견되었다.

양준 부녀가 모든 대권을 손에 쥐고 있는 것을 심술궂고 제멋대로인 황후 가남풍의 입장에서는 도저히 용납할 수 없는 일이었다. 역대 궁정의 관례를 보면 후궁전의 주인은 황후이고 예법의 규정상 황후가 육궁을 다스리는 것이 당연하다. 게다가 양지태후는 황제의 생모도 아니지 않는가? 그런데 어떻게 권력을 장악하고 후궁전을 제압할 수 있단 말인가?

태후라는 막강한 배후세력을 가진 양준은 많은 관직을 겸임하면서 정무를 총괄하고 군정대권을 좌지우지하고 있었다. 양준은 평범한 사람이었지만 큰 뜻을 가슴에 품고 있었고 재주는 없었지만 남의 의견을 듣지 않는 고집불통이었고 소인배들만 가까이 두고 독단적으로 처리하고 행동하는 사람이었다. 양준은 사당을 조직해 마음대로 행동하며 조정을 어지럽힌 탓에 평판이 몹시 안 좋았다. 이러한 상황 속에서 심계가 뛰어난 검은 회오리바람의 가황후라는 적수를 맞닥뜨리게 되었으니 양준의 패배는 결정난 것이나 다름없었다.

양준은 조정에서 아무런 명망도 가지지 못했고 왕공대신들은 그에게 많은 불만을 품고 있었다. 한 치 앞밖에 내다볼 줄 몰랐던 양준의 관심은 오로지 권력뿐이었다. 한편, 가남풍은 황후가 되면서 혜제를 좌지우지할 수 있었다. 혜제의 이름으로 분부를 내린 가남풍은 사사건건 양준과 부딪히며 제약을 받았다. 그렇게 황후와 태후의 권력 다툼의 서막이 서서히 열렸다. 양측은 말을 사고 병력을 모으면서 옥신각신 다툼을 벌였기 때문에 결단을 낼 만한 큰 싸움을 피하기 힘들 지경에까지 이르렀다.

당시 조정의 중요 인물인 가충이 이미 세상을 떠난 뒤였기 때문에 가남풍은 일가인 가모賈模와 외삼촌 곽창郭彰에게 의지하며 두 사람과 함께 태후 부녀를 없앨 계략을 공모했다. 가충이 생전에 대권을 거머쥐고 있었기 때문에 가 씨 집안과 조정의 중신들은 깊은 친분을 가지고 있었다. 가충, 배수, 양호羊祜, 왕침王沈, 순욱 등은 모두 무제의 심복이어서 서로 돈독한 우정을 과시하고 있었다. 그들은 모두 명문가 출신이었고 그들의 후세들도 자주 왕래하며 깊은 친분을 유지했다. 가남풍의 모친인 곽괴는 성양태수城陽太守 곽배郭配의 딸이었고 곽괴의 언니는 대신 배수에게 시집가 배고裴頠를 낳았다. 문무를 겸비한 배고는 《숭유론崇有論》으로 세상에 이름을 알려 영향력이 큰 인물이었다.

**황후와 태후,
피바람을 예고하다**

가남풍은 양준을 싫어했지만 그보다 양태후를 더 미워했다. 양태후가 표면적으로는 가남풍보다 윗사람이었지만 사실 가남풍보다 두 살 아래였다. 양태후 부녀를 안중에 두지도 않았던 가남풍은 두 사람이 자신의 적수가 안된다는 사실을 알고 있었다. 하지만 가남풍은 태후 부녀의 세력을 결코 얕보지 않고 신중하고 안정적으로 계획을 세웠다.

양준은 분명 대권을 손에 쥐고 있었고 그를 따르는 무리도 많이 있었다. 양준은 제멋대로 상을 내리고 붕당을 조직했으며 자신에게 충성을 맹세하지 않는 자들은 황공 대신 가릴 것 없이 모두 배척했다. 특히 여남왕汝南王 사마량司馬亮을 압박하면서 사마량과 다른 봉왕들의 불만을 샀고 사람들은 분개하며 양준을 처단하고 싶어했다.

이러한 상황을 잘 알고 가남풍은 모든 왕들의 힘을 모아 양준을 처단하기로 결심했다. 이 왕들은 모두 무제 사마염의 종친으로 무제에게 봉지를 하사받은 사람들이었다. 무제의 숙조부叔祖父 사마부司馬孚는 안평왕安平王에 손자 사마과司馬顆는 하간왕河間王에 숙부 사마량司馬亮은 여남왕에 숙무 사마륜司馬倫은 조왕趙王에 숙부 사마주패司馬伷佩는 낭사왕琅邪王

에 봉해졌었는데, 사마예司馬叡가 바로 사마주패의 손자였다. 또 제왕에 봉해졌던 사마유는 그의 아들 사마경司馬冏이 작위를 세습했다. 일가의 동생인 사마월司馬越은 동해왕東海王으로 책봉되었고 아들뻘 되는 사마간司馬柬은 진왕秦王에 사마위司馬瑋는 초왕楚王에 사마애司馬乂는 장사왕長沙王에 사마영司馬穎은 성도왕成都王에 각각 봉해졌다.

안하무인인 양준은 자신의 사당 이외에 대신들에게는 함부로 대했다. 전중랑殿中郎 맹관孟觀과 이조李肇는 스스로 고명하다고 생각하고 있었지만 줄곧 양준에게 무시를 당했다. 양준은 두 사람을 보고도 못 본 척하거나 오만하고 무례하게 굴었다. 결국 화가 머리끝까지 난 두 사람은 가남풍의 심복인 환관 동맹董猛의 수하로 들어갔다. 이 두 사람을 얻게 된 가남풍은 매우 기뻐하며 그들에게 양준의 행동을 면밀히 주시하고 수시로 보고하도록 했다. 맹관과 이조 두 사람은 과거 양준이 사당을 조직하여 조정을 어지럽히고 국가를 위기에 빠트린다고 규탄하던 대신들이었지만 이제 양준의 일거수일투족을 감시하며 황후 가남풍에게 이 사실을 비밀리에 보고하는 황후의 심복으로 태도를 바꾸었다. 이 두 사람의 활약으로 가남풍은 상대의 동향을 모두 알게 될 테니 승리를 눈앞에 둔 것이나 다름없었다.

가남풍은 드디어 때가 왔다고 생각하고 허창許昌을 장악하고 있던 여남왕 사마량을 불렀다. 비밀리에 사마량을 접견한 가남풍은 그에게 정변을 일으켜 양준을 제거하라고 일렀다. 사마량은 자신의 힘이 모자란다는 것을 알고 있었기에 대답을 할 수 없었다. 그러자 가남풍은 2단계 계획을 실행했다. 형주荊州를 장악하고 있던 혜제의 동생 초왕 사마위를 불러들였다. 가황후의 심복인 이조는 황후를 명을 받들고 즉시 형주로 달려가 자신이 온 이유를 분명이 말하고 황후가 사마위에게 큰 기대를 걸고 있다는 사실도 말했다. 사마위가 황후의 뜻에 동의하면서 양준을 제거하기 위한 본격적인 계획이 시작되었다.

초왕 사마위는 황제와 접견하길 청했고 상경해도 된다는 황제의 허가를 받았다. 영평 원년291년 2월22일, 초왕 사마위와 양주의 군사를 이끌고 있던 회남왕 사마윤은 수도 낙양에 도착했다. 심혈을 기울인 계획 끝에 드디어 3월8일 정변이 일어났다. 맹관과 이조는 양준이 모반을 일으켰다고 상주문을 올렸다. 한밤중에 혜제는 수도 모든 성에 계엄령을 내렸고 양준의 모든 직위를 박탈했다. 그리고 조왕 사마위와 동안공東安公 사마요司馬繇, 혜제의 숙부에게 금전금위군金殿禁衛軍 400명을 이끌고 가 양준을 체포하라는 명을 내렸다. 또 조왕 사마위는 병사들과 함께 사마문司馬門을 지켰고 회남의 재상 유송劉松을 삼공 상서로 임명하고 금전을 수비하도록 했다.

황제의 어지가 내려졌을 때 양준은 황가의 무기창고 남쪽 편에 있는 자신의 집에 있었다. 수도에 계엄령이 내려지고 궁의 군사들이 바쁘게 움직이면서 이미 황궁에서는 정변이 일어난 상태였다. 이 소식은 곧 양준에게 전달되었다. 양준은 대세가 자신에게 불리하다는 것을 알고 즉시 문무백관들을 소집해 긴급회의를 열었다. 이 회의에서는 정변에 대응하기 위한 대책이 논의되었다. 이러한 변고는 초왕과 여남왕이 수도에 들어온 지 며칠 만에 발생한 것이었으니 그들의 목적이 무엇인지는 분명했다. 사람들의 의견이 분분하긴 했지만 적절한 계책은 나오지 않았다. 결정적인 시기에 좋은 계책이 없었던 양준은 그대로 앉아서 때를 놓치고 말았다.

안타깝게도 양준은 태부 주부主簿 주진朱振의 뛰어난 견해를 받아들이지 않으면서 패배를 만회할 마지막 기회까지 놓치고 말았다. 주진이 말했다. "황궁에서 갑자기 반란이 일어났으니 그 목적은 분명한 것입니다. 이것은 무지한 환관들을 앞세운 가황후의 계략으로 지금 각하에게 매우 불리한 상황입니다. 지금 가장 최선의 방책은 운용문雲龍門을 불태우고 만춘문萬春門으로 돌진하여 동궁과 성 밖을 지키는 금군들을 이끌고 입궁하여 반란군을 숙청하는 방법입니다. 황태자와 함께 입궁하여 간사한 무리를 체포하는 것입니다. 온 궁이 발칵 뒤집어졌으니 주모자를 반드시 체포해 참수형에 처해야 합니다. 그렇게 하지 않으면 이 재난에서 빠져나가기 어렵습니다."

그의 이야기는 매우 분명했다. 반란의 목표가 군정과 금군 대권을 장악하고 있는 양준이라는 말이었다. 주진이 위에서 무지한 환관들이라고 말한 것은 대신들이 들으라고 한 말이었고 반란을 뿌리 뽑아야 한다고 양준에게 강조하기 위함이었다. 그가 내놓은 계책은 아주 구체적이고 분명했다. 황궁의 남문인 운용문을 불태워 최전방의 기세를 누르겠다는 것이다. 황궁 동문의 만춘문을 점령하면 동궁의 친위부대의 관할하에 있는 성 밖의 금군을 끌어들여 신속하게 반란을 제거하고 주모자를 처단하는 것이다. 이렇게 하면 이 반란은 평정될 수 있었다. 하지만 겁이 많은 양준은 반란 소식을 듣고 놀라 어찌할 바를 몰랐는데 어떻게 이런 결단을 내릴 수 있었겠는가? 한참 멍하게 있던 양준이 드디어 입을 열었다. "운용문은 명제께서 큰 비용을 들여 지은 것인데 어떻게 불태울 수 있단 말인가?" 마음이 조급했던 양준은 제자리에서 빙빙 돌 뿐이었다. 많은 대신들과 심복들은 어찌할지 몰라 울상을 지었다. 똑똑한 사람들은 이미 대세가 기울었다는 사실을 알았다. 양준의 최후의 날이 눈앞에 다가온 것이다.

태후 양지는 정변 소식을 듣고 대경실색했다. 막다른 길에 몰렸으며 약간의 부주의로도 치명적인 재난을 일으킬 수 있는 긴박한 상태임을 알았다. 급한 와중에도 태후 양지는 한 가지 묘책을 떠올렸다. 흰 비단에다 한 줄의 글을 적어 궁 밖으로 화살을 쏘아 보냈다. 흰 비단을 주워든 군사는 이것을 가황후에게 보냈다. 흰 비단 위에는 '태부太傅를 구하는 자에게는 상금을 내릴 것이다'라고 쓰여 있었다. 가남풍은 이 비단을 사람들에게 공개하며 태후와 양준이 함께 모반을 꾸몄다고 이야기했다.

치밀하고 잔혹한 여인
가남풍

군사들이 몰려와 열세에 놓이게 되자 놀란 양준은 급히 마구간으로 몸을 숨겼다. 군사들은 곳곳을 뒤지며 마구간의 건초 더미를 창으로 마구 찔렀다. 건초 더미 속에 숨은 양준은 이렇게 참혹하게 죽었다. 정변이 계획대로 진행되면서 성공을 거둔 가남풍은 이것을 기회로 황실과 조정의 대권을 장악했다. 그리고 여러 차례 비밀 어지를 내려 신속하게 양준의 동생 양요楊珧와 양제楊濟 그리고 그 일가와 사당들을 모두 체포하여 죽이고 삼족을 멸했다. 이날 하루 죽어나간 사람들은 남녀노소 모두 합해 수천여 명에 이르렀다.

과거 진무제가 양준을 총애하여 임종 직전에 양준에게 유조를 맡겼다. 이 유조가 밖으로 유출될 것이 두려웠던 가남풍은 심복을 보내 종이 한 장 남지 않도록 양준의 집을 모조리 불태워버렸다.

다음날 3월 9일, 가남풍은 혜제의 이름으로 어지를 내렸다. 장군 순리苟悝에게 명하여 태후 양지를 영정궁에 감금시키라 했다. 또 특별히 양태후의 어머니 방龐 씨의 목숨을 살려주면서 두 모녀가 함께 살도록 허락하는 은혜를 베풀었다. 사실 이것은 두 사람을 모두 일망타진하는 준비 작업이었다. 역시 얼마 뒤 가남풍은 양지 모녀에게 잔혹한 방법을 썼다.

가남풍은 측근에게 시켜 황제에게 상소를 올리도록 했다. 양태후가 편지를 묶은 화살을 쏘아 용사들을 모집하여 반란을 도모했으니 그 죄가 매우 커 평민으로 폐위시키고 금용성에 가두어야 한다는 내용이었다. 가남풍은 이 상소에 대해 대신들에게 의견을 구했다. 하지만 양준을 처단한 일로 아직 피 냄새가 채 가시지 않은 궁에서 가남풍에게 맞서 이를 반대하고 나설 사람들이 감히 누가 있었겠는가? 결국 모든 대신들의 동의로 태후 양지는 평민으로 폐위되었다.

이어 또 다른 상주문이 올라왔다. 양준이 모반을 꾸몄으니 일가족 모두를 참수해야 한다는 내용이었다. 양준의 아내 방 씨를 살려둔 것은 태후를 위로하기 위함이었는데 이제 태후가 평민으로 강등되었으니 법에 따라 방 씨도 참수해야 한다는 것이었다. 가남풍은 또 이 내용에 대해 대신들의 의견을 구했고 대신들은 아무도 반대 의견을 내놓지 않았다. 결국 혜제의 명이 내려지고 방 씨는 참수되었다. 원강元康 2년 2월, 방 씨가 죽은 지 얼마 되지 않았을 무렵, 태후 양지 역시 굶어죽고 말았다. 양지의 원혼이 복수를 할까 두려웠던 가남풍은 양지를 매장할 때 그 관 위에 원혼을 복종시키는 부적과 영물을 놓았다.

황궁에서 맞설 자가 없었던 가황후

태후 양지 부녀의 권력을 완전히 빼앗고 나자 가황후에게는 적수가 없었다. 혜제가 순하고 어리석었으니 대권은 이때부터 사실상 가남풍의 수중으로 들어간 셈이었다.

3월19일에 가남풍과 혜제 사마충은 양준의 반란을 평정하는 데 공을 세운 초왕 사마위를 접견했다. 그리고 궁을 호위하는 금군수령위장군禁軍首領衛將軍으로 임명하여 궁정의 금군을 통솔하도록 했다. 여남왕 사마량은 태재太宰에 임명하여 태보 위관衛瓘과 함께 보정을 하도록 했다. 사마량과 위관은 모두 학식이 깊고 덕망이 높은 사람들이었지만 사마위는 고집불통이고 성격이 포악하며 쉽게 사람을 죽이고 학문을 멀리하는 사람이었다. 사마위를 몹시 싫어하던 사마량과 위관은 여러 차례 진언을 올려 사마위의 병권을 뺏으려고 했다.

소심하고 거친 사마위는 이러한 상황에서 화를 누르고, 정권을 잡았지만 정무를 보좌할 사람을 마땅히 찾지 못한 가황후에게 적극적으로 충성을 맹세했다. 친왕이 보좌해주니 더욱 세력이 막강해진 가황후는 매우 기뻤다. 이렇게 사마위와 가까이 지내던 가황후은 사마위를 태자소보에 임명했다. 이때부터 권력을 잡게 된 사마위는 이제 조정에서 사마량, 위관과 맞설 수 있게 됐다.

사마량은 노련하고 신중하기도 했지만 나이를 내세워 거만하게 행동했기 때문에 가황후의 눈에 거슬리는 존재였다. 당시 가황후가 태자비였을 때 적수였던 위관은 재능이 뛰어나고 학식이 깊고 문예에 능하며 초서에 탁월한 재능을 가진 인재였다. 그는 줄곧 우아하고 고귀한 자신의 집안과 비교하며 가 씨 집안을 멸시했기 때문에 가충은 생전에 위관에게 뼈에 사무치는 원한을 품었다.

위관은 분명 뛰어난 인사로 세상을 이름을 떨치고 있었는데 그가 쓴 초서는 경지에 이를 정도였다. 그의 초서는 서예가 장백영張伯英의 초서를 이어받고 돈황敦煌 사람인 삭정索靖은 장백영의 필법을 이어받았다. 그래서 두 사람이 함께 상서에 재임하고 있을 때 사람들은 둘을 '일대이묘一臺二妙'라 불렀고 그들은 문인으로 널리 추앙받았다. 위관은 재능과 명성으로 사공司空, 시준, 상서령으로 차츰 관직이 상승하면서 법, 재정, 인사고과에 뛰어난 재능을 가진 가충과 동등한 지위에 올랐으며 그의 명망은 가충보다 더 높았다.

위 씨 집안과 가 씨 집안이 태자비 경쟁을 벌이다 위 씨 집안이 패배하자 두 집안은 이 일로 철천지원수가 되었다. 양 씨 부녀에게서 권력을 빼앗은 뒤, 가황후는 조정을 안정시키기 위해 고심하다 잠시 명망이 높은 위관과 사마량의 보좌를 받기로 했다. 하지만 두 사람은 위기가 가까이 와있는 지 모른 채 여전히 자신들이 잘났다고 생각하며 가황후를 멸시했다. 대권이 안정화된 이후 가황후는 제멋대로인 두 대신들 처리에 착수했다.

황후의 계략대로
사내들이 움직이다

양준에게는 기성岐盛이라는 절친한 친구가 있었다. 기성은 양준의 대세가 이미 기울었음을 알고 나서 초왕 사마위가 양준을 제거하는 데 도움을 주었다. 기성이 배신을 일삼는 비열한 소인배라고 생각하고 그를 몹시 싫어하던 위관은 그를 체포할 심산이었다. 이 사실을 안 기성은 사마위에게 달려갔다. 그는 사마위의 심복인 장사長史 공손굉公孫宏과 비밀리에 모의하며 사마량과 위관을 일망타진할 준비를 했다.

기성은 가황후에게 사마량과 위관이 새로운 황제를 옹립하려는 음모를 꾸미고 있다고 상주문을 올렸다. 두 사람을 제거할 구실을 찾지 못해 고민하던 가황후는 이때다 생각하고 다시 사마위의 힘을 빌려 사마량과 위관을 제거했다. 태희 원년 6월290년 가남풍은 혜제에게 사마량과 위관을 파직한다는 조서를 쓰게 했다.

가황후는 심복인 황문黃門을 보내 완성된 조서를 사마위에게 전달하게 했다. 사마위는 조서를 보고 몹시 놀라면서 한편으로는 속임수일지도 모른다고 의심했다. 그는 다시 한 번 상주문을 올려 사실을 확인한 다음에야 안심하고 행동에 옮길 수 있겠다고 말했다. 그러자 황문은 사마위에게 정중하게 말했다. "이것은 가황후께서 친히 건네주신 것이고, 이것을 받자마자 곧장 달려와 각하께 전달한 것입니다. 기밀이 새어나가서는 결코 안되는데, 만약 다시 상주문을 올리신다면 이야기가 밖으로 새나가지 않겠습니까? 그렇게 되면 비밀 조서가 아닌 셈이지요."

이 말을 듣고 비로소 안심한 사마위는 즉시 장군들을 소집하여 공손굉과 이조에게 병사를 끌고 사마량의 왕부를 포위하고 사마량을 체포하라는 명을 내렸다. 그리고 동시에 시중, 청하왕淸河王 사마하司馬遐에게는 위관을 체포하라는 명을 내렸다. 정변이 일어났다는 소식을 들은 사마량의 심복은 이를 사마량에게 알려 즉각 병사를 모집해 대항할 준비를 하도록 당부했다. 공개적으로 대항할 수 없다고 생각한 사마량은 망설였다. 하지만 포위하고 있던 군사들이 이미 왕부의 성벽을 기어오르고 있었다. 순식간에 왕부는 대혼란에 빠졌다.

놀라 허둥대며 어쩔 줄 몰라 하던 사마량이 수령 공손굉에게 말했다. "내가 다른 마음을 먹은 적이 없는데 어째서 이러한 변고가 일어난 것입니까? 조서가 있다면 내게 보여주시오!" 하지만 공손굉은 들은 척도 하지 않고 군사들에게 더욱 강력히 공격하도록 명을 내렸다. 사마량의 심복이 말했다. "왕부에 있는 모든 병사들은 죽기를 기다리느니 죽기 살기로 싸우는 것이 더 좋을 듯합니다." 하지만 사마량은 심복의 행동을 저지하고 저항하는 것을 포기했다. 보이는 사람마다 다 죽여 왕부에는 피가 강물처럼 흘렀다. 그리고 사마량도 죽임을 당했다. 위관이 있는 곳은 사마하에게 포위되었고 그곳 사람들도 저항해야 한다고 주장했지만 위관 역시 저항하길 포기하고 그대로 당했다.

사마량과 위관에게 원한이 많았던 사마위는 한 번에 두 사람을 모두 제거했다. 사마위는 야심이 매우 큰 사람이었는데, 그는 가남풍의 측근들에게도 불만이 많았다. 이때 그의 심복이 사마위에게 가남풍의 후당 세력을 뿌리 뽑아야 하고 특히 가황후의 족형 가모를 제거해야 한다고 건의했다. 사마위는 가남풍을 공격해야 할지 결정하지 못하고 망설이다가 결국 가황후의 수하에게 공격을 받아 패하고 말았다.

사마위의 심복인 기성이 후당을 숙청해야 한다고 건의하고 가황후를 폐위시킨 다음 사마위가 황제의 자리에 앉으려고 계획했을 무렵, 가황후도 후궁전에서 병권을 장악한 사마위에게 대응할 방법을 모색하고 있었다. 태자 소보 장화는 정변이 일어난 그날 밤, 가황후의 심복인 태감 무안후 동맹을 찾아왔다. 장화는 동맹에게 말했다. "초왕 사마위가 사마량을 죽이고 태보 위관을 죽이고 대권을 장악했으니 이제 그는 무서울 게 없을 것입니다. 고집 세고 거만한 초왕이 병권까지 손에 넣었으니 앞으로 그를 제어하기 힘들게 될 것입니다. 그러니 이번 기회에 대신들을 죽인 죄명으로 그를 처단해야 합니다. 그러면 권력은 자연히 다시 황후께 돌아가게 됩니다." 좋은 방법이라고 생각한 동맹은 즉시 후궁전으로 달려가 가황후에게 이 묘책을 알렸다. 가황후 역시 이에 찬성하며 사마위를 제거할 음모를 꾸몄다.

사마위는 두 차례 정변의 주요 인물이었고 병권을 장악하고 조정의 요직에 앉아 있었기 때문에 그를 제거하는 일은 결코 쉽지가 않았다. 또한 혜제의 숙조부 농서왕隴西王 사마태司馬泰와 초왕 사마위는 매우 친밀한 사이였기 때문에 서로 소식을 알게 되어 일단 두 사람이 함께 힘을 합하게 되면 더욱 공격하기 힘들어진다. 하지만 공격하기 어렵다고 지금 기회를 놓치게 되면 그의 독주를 막기 힘들었다. 가황후는 신중하게 생각했다. 사태가 긴박하니 되도록 빨리 착수해야 했지만 묘안이 없었다.

이때 간계가 많은 동맹이 가황후에게 계책을 내놓았다. 황제께 상주문을 올려 조정에 있는 추우번騶虞幡, 전설상의 추우를 그려 넣은 깃발로 삼군을 통솔하는 군기 - 옮긴이을 내어달라 부탁하여 사마위의 병권을 제거한 다음 곧바로 그를 잡아 죽여버리면 된다는 것이었다. 이 말을 들은 가황후는 이보다 더 좋은 계책은 없을 거라며 흥분을 감추지 못했다.

진나라에는 이러한 제도가 있었다. 조정에는 두 종류의 깃발이 있었는데, 하나는 백호가 그려진 백호번白虎幡이고 또 하나는 살아 있는 것을 먹지 않는다는 전설 속의 동물인 추우가 그려진 추우번이었다. 진나라가 중대한 일에 직면했을 때 백호번을 꺼내면 정벌을 의미했다. 장군과 병사들은 이 백호번을 보고 나서야 출정을 했다. 그리고 추우번은 휴전을 표시하는 것으로 추우번을 보면 모두 무기를 내려놓았다. 이 두 깃발은 모두 황제가 파견한 특사가 들고 가 어명을 전했다.

**자신에게 맞서는 적수는
철저하게 없앤 황후**

계책을 다 세운 가황후와 동맹은 드디어 공격을 개시했다. 다음날 장화가 황제에게 상주문을 올려 대국이 안정되었고 나라가 안녕하니 추우번을 꺼내 병사들을 쉬게 하자는 상주문을 올렸다. 가황후의 말이라면 무조건 듣던 혜제는 장군 왕궁王宮을 보내 추우번을 내오게 했다. 어명을 받는 장화는 추우번을 들고 궁문을 나서 쉬지 않고 달렸다. 그리고 사람들에게 초왕이 거짓 어명을 전해 모만을 꾸몄으니 그의 말을 들을 필요가 없다라고 말하며 추우번을 보여주었다. 병사들은 이상하게 여겼지만 추우번을 본 뒤에 하나둘씩 무기를 내려놓았다. 이미 반항할 힘을 잃은 사마위는 그대로 생포되었다.

다음날, 사마위는 거짓 어명을 전한 것과 대신들을 해친 죄목으로 사형되었다. 그리고 사마위의 가족들과 그의 사당 역시 모두 잡혀 참수형을 당했다. 사형이 집행될 때 사마위는 가슴속에서 혜제가 내린 조서를 꺼내 보이며 감형관監刑官 형부상서刑部尚書 유송劉頌에게 말했다. "나는 선황의 아들이며 지금 황제의 형제다. 황제께서 내린 조서가 이렇게 있는

데 어찌 내가 모반을 꾸몄다고 할 수 있는가? 분명 황제께서 사악한 황후의 조정을 받고 황가의 혈육을 해치려 하니 우리 사마 씨 왕조는 앞으로 편안할 날이 없겠구나!"

가황후는 이 권력 다툼 속에서 아무런 손해도 입지 않고 쉽게 태후 부녀와 두 친왕 그리고 조정의 권신들을 제거하고 조정의 대권을 손아귀에 넣었다. 그녀는 이때부터 마음대로 자신의 심복들을 주요 관직에 앉히면서 조정을 장악할 수 있었다. 더 나아가 가황후는 조정의 요직과 병권을 모두 장악하며 자신에게 맞서는 적수를 철저하게 없애버렸다.

방종한 가황후 집안의 사람들

집안의 오빠인 가모, 조카인 가밀賈謐, 환관 동맹은 가황후의 핵심 심복들로 군정대사가 있을 때마다 가황후는 항상 이 세 사람과 함께 의논했다. 동맹은 장화가 재능이 비범하고 사마 씨 가족과 아무런 연고가 없어 권력을 넘보며 모반을 꾸밀 가능성이 없으니 수보首輔를 담당해도 된다는 의견을 내놓았다. 동맹의 말에 일리가 있다고 생각한 가황후는 장화를 수보에 임명하여 조정을 맡아보게 했다. 그러면서도 군정 대권은 여전히 그녀 자신이 쥐고 있었다. 가 씨 천하에서 특히 가황후의 동생 가우의 아들 가밀의 위세가 대단했다.

가장 음탕한 여자
가 씨

풍류를 좋아하던 가우는 중국 역사상 몰래 사통한 사람으로 유명했다. 가충에게 아들이 없었기 때문에 딸 가우의 아들 한밀韓謐을 손자로 들여 가 씨 성을 붙여 가밀로 이름을 바꾸었다. 가밀의 부친 한수韓壽 역시 사통하는 데 있어서는 고수였다. 가충의 비서였던 한수는 몸집이 크고 잘생겼으며 품위가 있었다. 한번은 한수가 가충의 집에서 열리는 연회에 참석했는데, 이때 가우가 한수를 보고 첫눈에 반해 그를 사랑하게 됐다. 두 사람이 서로 마음이 통한 뒤부터 서로 편지를 주고받으며 사랑을 나누었다. 시녀의 도움을 받은 한수는 매일 밤 담을 넘으며 가우와 몰래 사랑을 나누었다.

당시 서역에서 진상한 향료는 매우 귀한 것이었는데, 이 향료를 뿌리면 향이 매우 강해 한 달 동안 지속되었고 또한 향이 매우 자극적이어서 사람이 매혹하기에 충분했다고 한다. 무제는 이 향을 심복인 가충에게 하사했었다. 이때 한수와 쾌락에 빠져 있던 가우는 숨겨놓은 향을 몰래 꺼내와 한수에게 건네주었고 두 사람은 서로 몸에 그 향을 뿌리며 쾌락을 즐겼다.

한수는 낮에 가충의 집에 머물며 일을 했는데 친구들이 그의 몸에서 나는 향기를 맡고 감탄을 금치 못했다. 결국 이 사실을 알게 된 가충은 그를 의심하기 시작했다. 자세히 조사한 끝에 딸 가우가 그에게 건넸다는 사실을 알게 된 그는 시녀를 문책해 두 사람이 사통한 지 이미 오래 됐다는 사실을 알게 됐다. 고심하던 가충은 자신의 예쁜 딸을 한수에게 시집보냈다. 그래서《고사경림故事瓊林》에 이러한 맺음말이 있다. "남편의 대를 끊은 곽 씨는 가장 질투가 심한 사람이고 한수에게 향을 훔쳐 준 가 씨는 가장 음탕한 여자다." 여기서 곽 씨는 곽괴를 가리키고 가 씨는 가우를 가리킨다. 이 두 모녀는 각각 질투가 심하고 음탕한 사람이었지만 가황후는 이 두 가지를 모두 다 가진 사람이었다.

20살의 가밀은 총명하고 재주가 뛰어났다. 외모까지 아름다웠던 그는 이모 가황후의 총애를 받았다. 가밀은 준수한 외모 뛰어난 재능 그리고 뛰어난 말솜씨로 항상 황후 곁에 있으면서 조정에 막강한 영향력을 행사했기 때문에 그 누구도 감히 그에게 함부로 할 수 없었다. 또한 재능이 뛰어나다고 자부하던 가밀은 천하의 호걸들과 교류했다. 당시 뛰어난 문장가인 육기陸機와 좌사左思 등도 모두 그의 친구였다. 시를 짓고 놀며 우정을 쌓던 그들은 이십사우二十四友로 불렸다.

천하의 호걸들과 교류한
가황후의 조카

일반 풍류 재인들과 마찬가지로 가밀은 극도로 사치스러웠고 여인들과 잠시도 떨어지지 않고 향락을 즐겼다. 혜제 원강 원년부터 고위 자녀들이 놀면서 흥청망청 돈을 쓰며 정무는 뒷전이고 사치만 일삼은 탓에 진왕조는 9년이라는 짧은 기간에 전 사회가 부패하고 타락하고 말았다. 이렇게 진왕조는 결국 막다른 골목으로 접어들게 됐다. 이러한 사회 풍토를 조성한 주요 인물 중 한 사람이 바로 가황후였다. 이러한 방종한 분위기가 가황후의 정열을 불러일으키면서 가황후도 그 분위기에 빠져 향락적인 생활을 한 것이다.

태의령太醫令 정거程據는 체격이 크고 피부가 하얗고 준수한 외모를 지녔었다. 그래서 가황후는 정거를 좋아했다. 눈치가 빠른 정거는 붙임성도 좋아 가황후의 환심을 쉽게 샀다. 이렇게 정거를 차지한 가황후는 그와 수시로 관계를 가졌고 일이 끝나면 다시 그를 집으로 돌려보냈다. 동시에 가황후는 시중을 보내 잘생긴 어린 남자를 물색해 궁으로 데리고 오게 했다. 그리고 한 명씩 실컷 가지고 논 다음 그들을 죽여버렸다.

낙양의 성남城南에 도적들이 판을 치고 있었다. 이곳 성남에 피부가 희며 용감하고 준수하게 생긴 한 위부尉部 소리小吏가 있었다. 소리는 10여 일간 실종되었다가 딴 사람으로 변해 돌아왔다. 그는 사람들이 한 번도 본 적이 없는 귀한 옷감으로 만든 옷을 입고 있었다. 사람들이 소리를 의심하고 즉시 윗사람에게 고발했다. 즉시 소리를 잡아들여 이 귀한 옷이 어디서 났는지 심문했다.

**가황후의
남성 편력**

그러자 소리는 자신이 겪었던 이상한 일들을 털어놓기 시작했다. 어느 날, 나이가 지긋한 노파가 그를 찾아왔는데, 한눈에 보기에도 높은 신분이라는 것을 알 수 있었다고 했다. 그 노파는 자신의 집에 중병에 걸린 자가 있는데 법사가 말하기를 성남에 사는 젊은 미남이 며칠 집에서 머무르면 그 양기 때문에 병마가 물러가 병자를 살릴 수 있다고 말했다고 했다. 그 노파는 그에게 도움을 청하며 반드시 사례하겠다고 말했다고 한다.

그래서 소리는 검은 상자 속에 몸을 숨긴 채 마차를 탔다. 굽이길을 지나 어떤 곳에 도착해 내렸는데 눈앞에는 너무도 아름다운 호화 저택이 펼쳐져 있었다. 이곳이 어디냐 물으니 그 노파가 말하기를 천국이라고 했다. 소리는 어떤 방에 들어갔는데 수많은 미녀들이 드나들었다. 먼저 목욕탕으로 가 향기 나는 따뜻한 물로 목욕을 한 다음 귀한 옷을 입고 산해진미를 먹었다. 그리고 침실로 왔는데 난생처음 본 아름다운 요가 깔려 있었다. 잠시 후 서른 살쯤 보이는 키가 작고 피부가 까맣고 눈

섭 끝에 흉터가 있는 어떤 여자가 들어왔다. 며칠 동안 계속 이 여자와 함께 먹고 잤다. 그리고 떠날 때 진귀한 옷과 물건들을 많이 주었다고 했다.

  가황후의 친정은 성남이었다. 가황후의 먼 친척이 소리의 이 이야기를 듣고 서른 살 된 그 여인이 다름 아닌 가황후라는 것을 눈치챘다. 소리를 심문하던 사람도 어찌된 영문인지 알고 나자 더 이상 그를 추궁하지 않았다. 하지만 소리는 멍청하여 아무 것도 눈치채지 못했는데, 이 때문에 그가 생명을 보전할 수 있었던 것이었다.

태자를 폐위시켜 평민으로 만들다

여러 가지 소동을 일으킨 가황후는 혜제를 제압하고 대권을 독점하여 방탕하고 향락적인 생활을 했다. 하지만 가황후는 아들을 낳지 못했다. 이 문제는 가황후의 근심거리이기도 했고 동시에 가 씨 집안의 안녕에 위기를 가져다줄 수도 있는 문제였다. 하지만 가 씨 집안에 직접적으로 위협이 되는 사람은 바로 혜제와 사구 사이에서 난 아들 사마휼이었다. 사마충이 황제가 된 이후 용강 원년290년에 사마휼은 태자로 책립되었다.

가황후는 태자를 몹시 싫어했지만 태자의 나이가 어린 터라 마수를 뻗치기에는 시기가 적절하지 않았다. 또 이후 가황후는 몇 년 동안 권력 쟁취에 몰두하면서 태자 문제를 신경 쓸 겨를이 없었다. 태자는 점차 자라면서 어릴 때처럼 총명하지 못했고 책읽기를 싫어하며 놀기만 좋아했고 동물을 도축하는 일을 좋아했다. 태자가 이러하니 가황후는 서두를 것이 없었다. 하지만 여전히 안심할 수도 없었다.

가황후는 비밀리에 환관에게 명하여 태자가 놀기에만 더 몰두하도록 부추기라고 했다. 하지만 태자 사보 두석杜錫은 종일 놀기만 하는 태자를 보며 무척 근심했다. 그는 정중하게 태자에게 경고했다. 가황후가 친모가 아닌데다 가황후는 성격이 포악하여 항상 조심해야 한다고 했다. 항상 학문에 힘쓰고 현명한 신하들과 가까이하고 소인배들을 멀리하여 다른 사람이 태자를 헐뜯는 것을 방지하고 뜻밖의 재난에 대비해야 한다고 말했다. 하지만 태자는 이 말을 귀담아듣지 않고 여전히 음주가무를 즐기며 향락에 빠져 지냈다.

가밀과 태자는 사이가 좋지 않았다. 가밀은 가황후에게 태자가 가 씨 집안 사람들을 몹시 싫어하니 일단 옥좌에 앉으면 가 씨 사람들을 모조리 죽이고 황후를 폐위시켜 금용성에 가둘 것이라고 말했다. 그리고 빨리 손을 써 그를 죽이고 가 씨 집안을 지킬 수 있는 온화한 사람을 태자로 세워야 한다고 주장했다. 그녀 역시 이러한 생각을 했다. 얼마 후 그녀는 가짜 임신을 한 뒤 몰래 여동생 가우의 아들 한위조韓慰祖를 안고 궁에 들어와 태자의 자리에 올렸다.

원강 원년 12월299년에 태자 사마휼의 장자 사마반司馬彬이 병에 걸리자 태자는 사마반에게 왕의 작위를 내려달라는 상서를 혜제에게 올렸다. 하지만 혜제는 아무런 응답이 없었다. 마음이 급했던 태자는 장자의 병세가 더 깊어지는 것을 보고 무사巫師에게 하늘에 제사를 지내주도록 청했다. 아들에게 왕의 작위를 주지 못한 뒤로 아들의 병세가 호전되기만을 빌었다. 이 이야기를 들은 가황후는 이때가 바로 태자를 처리할 때라는 것을 알았다.

**태자에게
역모 누명을 씌운 황후**

가황후는 태자에게 즉시 입궁하여 황제를 접견하라는 서신을 보냈다. 12월29일 아침, 태자는 급히 입궁하여 혜제를 접견했다. 어떻게 된 영문인지 알지 못했던 혜제는 태자를 황후에게 보냈다. 황후의 궁에 도착한 태자는 어떤 방으로 안내받았고 그곳에는 황후가 없었다. 그곳에서 시녀가 향기로운 술 석 되와 대추 한 접시를 차려놓고 태자에게 권하며 노래와 춤으로 흥을 돋웠다.

태자는 술을 마실 수 없었다. 태후가 내린 술이니 거역할 수 없었지만 태자는 마시고 싶지 않았다. 그래서 그는 시녀에게 자신의 주량으로 술 석 되를 마시지 못한다고 황후에게 전해 달라 청했다. 이때 황후가 오더니 차갑게 말했다. "평소 황제의 사랑을 받고 있는 태자이니 술 두 잔쯤은 문제가 되지 않는데 어째서 마시지 않겠다는 겁니까? 이 술은 황제께서 태자의 아들의 병이 호전되길 바라며 내린 복주입니다."

황후를 본 태자는 무릎을 꿇고 엎드려 황후에게 애원했다. "폐하께서 조회 때 권하시면 분부를 어길 수 없으니 조금 마실 수는 있습니다. 하지만 몇 년 동안 하루에 술 석 되를 먹은 적이 없는데 하물며 이른 아침 공복에 술 석 되를 마치면 분명 만취할 것입니다. 그렇게 되면 어떻게 황후를 알현할 수 있겠습니까!" 이 말을 들은 황후는 대노하여 큰 소리로 태자를 꾸짖었다. "불효를 저지르는구나. 황제가 내린 술을 끝까지 마다하다니, 술 안에 독이라도 들었단 말이냐?"

태자는 어쩔 수 없이 술 석 되를 마시기로 했다. 두 되를 마신 태자는 더 이상 마시지 못해 나머지 한 되는 가져가 나중에 마시면 안되겠냐고 옆에 있는 시녀에게 부탁했다. 하지만 그녀는 황후의 명을 거역해서는 안된다고 잘라 말했다.

　이때 가황후는 황문시랑 반악潘岳에게 글 하나를 쓰게 했다. 그리고 시녀에게 그 글과 종이를 태자에게 가져다주며 "황제께서 즉시 이 문서를 베껴 써오라고 분부하셨습니다."라고 전하게 했다. 술에 취했던 태자는 그 글이 무슨 내용인지 몰랐지만 황제의 명을 거역할 수 없었으니 그대로 베껴 썼다. 글을 다 쓴 뒤에도 그는 술에 취해 그것의 무슨 내용인지도 알지 못했다. 두 장의 종이에는 다음과 같은 글이 똑같이 적혀 있었다. '폐하를 처리하고 황후도 처리한다. 처첩들도 동시에 제거하여 후환을 막아야 한다.' 이것은 분명 역모를 꾸미는 문서였고 글이 조잡했지만 태자가 직접 쓴 글이었다.

　다음날 혜제가 조정에 나와 문무백관들을 모아 놓고 조례를 하고 있었다. 이 자리에서 동맹은 태자가 적을 글을 보여주도록 하면서 태자가 역모를 꾸몄으니 사형에 처해야 한다고 말했다. 직접 그 글을 본 혜제는 왕공귀족들과 조정의 대신들에게 그 글을 건넸고 이를 본 사람들은 너무 놀라 아무 말도 하지 못했다. 하지만 대신 장화는 태자 폐위로 일어나게 될 대혼란을 방지하기 위해 죽음을 무릅쓰고 진언을 했다. "예부터 태자를 폐위하면 많은 혼란이 초래되었습니다. 대 진나라가 건국된 지 얼마 되지 않았는데 지금 태자를 폐위하면 국가에 큰 혼란이 올 것이니 폐하께서는 다시 한 번 심사숙고해주시옵소서."

　이때 노신 배고도 나서 이 글을 전달한 사람을 조사하고 그 글을 태자의 필적과 다시 대조한 뒤 폐위문제를 논의하자고 말했다. 그러자 가황후는 평소 태자가 쓴 책을 가져오도록 시켜 사람들에게 건네며 태자의 필적과 대조시켰다. 태자의 필적이 분명했다. 이때 동맹이 벌떡 일어나 혜제에게 빨리 결정을 내리라 청하면서 의의가 있는 자들을 반역죄로 처벌해야 한다고 주장했다. 혜제는 도무지 어떻게 해야 할지 몰랐다. 대신들 역시 팽팽히 맞서면 해가 질 때까지도 결론을 내지 못하고 있었다. 그러자 가황후는 태자의 목숨은 살려두는 대신 그를 평민으로 폐위시킨다는 쪽으로 생각을 바꾸었다.

**스물 셋 나이에
화장실에서 변사체로 발견**

태자의 신분을 잃은 사마휼은 평민복을 입고 동궁을 나서 달구지를 타고 황궁을 나왔다. 동무공東武公 사마담司馬澹이 병사를 이끌고 사마휼과 태자비 그리고 그의 아들 셋을 압송하여 금용성에 가두었다. 며칠 뒤 사마휼의 생모 사구와 비 장준蔣俊이 살해되었다. 얼마 후 어떤 환관이 태자와 함께 황제를 죽이려는 암살을 도모했다고 자수했다. 가황후의 명을 받은 태의가 독약을 만들자 환관 손려가 그것을 들고 허창許昌으로 갔다. 동시에 가황후는 대신들 사이에 태자와 음모를 꾸민 환관이 자백을 했다는 이야기가 퍼지기를 기다렸다가 동무공에게 명하여 사마휼을 허창오늘날의 하남 허창시으로 압송시켰다.

환관 손려는 급히 허창으로 달려가 사마휼을 죽이라는 어명을 간수를 담당하던 어사 유진劉振에게 전했다. 허창에 도착한 사마휼은 불안한 마음에 줄곧 침대 앞에서 스스로 식사를 해결했다. 그래서 독약으로 몰래 그를 죽일 수 없었던 유진은 사마휼을 더 좁은 방으로 옮겨 음식을 제공하지 않았다. 사마휼이 굶어 죽길 바랐던 것이다. 하지만 며칠 뒤에도 사마휼은 여전히 살아 있는 모습을 보고 손려는 의아해했다. 태자를 좋아하던 시녀들이 몰래 창밖에서 태자에게 음식을 제공했던 것이었다.

손려는 태자에게 약을 먹일까 생각했지만 태자가 순순히 응하지 않을 게 분명했기 때문에 다른 방법을 생각했다. 결국 손려는 사마휼이 화장실에 있을 때 그 틈을 타 그를 때려죽였다. 그때 사마휼의 나이 스물셋이었다.

악의 여인 가남풍의 최후

 가황후는 사마 씨들의 두려움의 대상이었다. 하지만 사마 씨의 자제들은 가만히 앉아 죽음을 기다릴 수 없었기에 가황후를 죽이고 황권을 되찾아 오고 싶어 했다. 황구자 사마륜은 무능했다. 하지만 사마륜 수하의 똑똑한 책사 손수孫秀가 황후를 제거할 계책을 내놓았다.
 다년간 사마륜을 곁에서 섬겨온 손수는 다방면에서 가 씨와 곽 씨 집안 사람들의 비위를 맞춰온 결과 그들에게 깊은 환심을 사고 있었고 가황후 역시 손수를 심복으로 여겼다. 태자가 폐위된 이후, 미래가 불투명해진 동궁의 관료들은 한편으로 가황후를 몰아내고 태자가 다시 오기를 바랐다. 그래서 동궁의 옛 관료들은 자신들의 이익을 위해 사마륜이 병권을 잡은 것을 보고 사마륜이 반역을 일으키도록 손수를 설득했다.
 결국 손수는 거사를 준비했다. 행동을 개시하기 전에 손수는 사마륜에게 자신의 계책을 이야기했다. "태자께서 총명하시기 때문에 만약 이 반란이 성공하여 동궁에 다시 돌아오신다고 해도 저희들을 믿지 않으실 겁니다. 가황후께서 줄곧 저희들을 신임하신 것은 모두가 아는 일이니 말입니다. 지금 태자가 동궁으로 돌아오는 것을 돕는다 해도 태자는 고마워하지 않을 것입니다. 그러니 가황후가 먼저 태자를 죽일 때까지 기다렸다가 태자를 죽인 죄로 가황후까지 처단한다면 일거양득이 아니겠습니까?" 사마륜은 그의 생각에 동의했다.

**황후에 맞서 일으킨
사마 씨들의 정변**

태자가 용강 원년 3월300년에 살해당했다. 4월3일 사마륜과 손수는 사마형司馬冏과 함께 정변을 일으켰다. 사마륜은 조작된 어지를 황후의 금군에게 전했다. 가황후와 가밀이 태자를 죽였으니 차기장군 사마륜이 황후를 폐하면 각 장군들은 그의 명을 따라야 하고 공적이 있는 자에게는 상을 내리고 명을 어긴 자는 삼족을 멸할 것이라는 내용이었다. 모든 장군과 병사들은 어지를 받들었다. 사마륜은 궁문을 열고 금군이 황궁에 들어올 수 있도록 하라는 가짜 어지를 다시 내렸다. 그러자 기다리고 있던 사마형이 군사 100여 명을 이끌고 후궁전으로 돌진했다. 결국 가 씨 삼족은 멸했고 사당 역시 일망타진되어 모두 죽음을 면치 못했다. 그리고 가황후는 금용성에 갇혀 있었다. 며칠 후 사마륜은 다시 가짜 어지를 가져와 가황후에게 독주를 내렸다. 그렇게 하여 조왕 사마륜이 권력을 잡았다. 이후에 각 왕들은 권력을 차지하기 위해 서로 전쟁을 했다. 6년 동안 계속된 이 전쟁을 역사에서는 팔왕의 난이라고 일컫는다. 복잡다단했던 시기를 겪었던 혜제는 가황후가 죽은 지 6년째 되던 해에 독살되어 마흔여덟 살의 나이로 생을 마감했다. 그리고 10년 후 서진은 패망했다.

4

시녀에게 푹 빠진 명헌종의 생사를 건 사랑

명태자 주견심은 그보다 열여덟 살 많은 시녀 만씨의 보살핌 속에서 자랐다. 그는 만 씨에게 사랑의 감정과 성적 욕구를 느낀 것 외에 그녀를 경외하는 마음까지 가지고 있었다. 이처럼 태자가 만 씨에게 세 가지 감정을 의지한 덕분에 만 씨는 태자가 즉위한 후, 궁을 휘저으며 제멋대로 행동했다. 마치 자신이 황제의 정식 황후인 듯한 모습으로…….

농익은 여체로 유혹하여
태자를 사로잡은 만 씨

명대 제8대 황제는 성화제成化帝 주견심인 명헌종이다. 헌종이 유년 시절이었을 때 그의 할머니, 즉 명선종 주첨기朱瞻基의 손황후孫皇后가 만 씨라는 궁녀를 보내 그의 시중을 들게 했다. 제성諸城 사람인 만 씨는 네 살 때 궁에 들어왔다. 손태후의 총애를 한 몸에 받던 만 씨는 손태후의 심복이자 항상 그녀 곁에서 시중을 드는 시녀였다.

훗날 헌종이 된 주견심은 영종 주기진朱祁鎭의 아들이었다. 주견심은 태어난 지 얼마 후에 태자로 책봉되었다. 주견심이 태자로 즉위하자 손태후가 만 씨를 그에게 보낸 것이다. 만 씨보다 열여덟 살이 적었던 주견심은 유모 나이뻘 되는 여인의 세심한 보살핌 속에서 차츰 준수한 소년으로 성장했다.

만 씨는 총명하면서도 교활했다. 그녀는 소년이 된 태자를 보살피면서 성숙한 여인의 온정으로 태자를 세심하게 돌봤다. 그리고 항상 성숙한 여인이 가지는 특유의 부드러운 마음씨를 보여주었다. 유치하고 단순한 소년이었던 태자가 성숙한 여인의 부드러운 성적 유혹에 안 넘어

갈 수 있었겠는가? 만 씨가 언제, 어디서, 어떻게 다정하고 단순한 소년 태자를 유혹하는 데 성공했는지 알 수 없지만, 이때부터 태자는 그녀에게 빠져 헤어나올 수 없게 됐다.

애인같은, 어머니같은, 감독관 같은 만 씨

만 씨를 사랑하던 태자는 성(性)의 신비로움과 즐거움을 누리며 만 씨에게 심취했다. 만 씨는 마치 어머니처럼 태자를 돌보면서 또 애인이나 감독관처럼 그를 지켜보며 보호했다. 그가 아무 걱정 없이 마음껏 즐길 수 있도록 말이다.

만 씨가 성공한 것은 부드러운 마음씨와 육체적인 사랑 때문만은 아니다. 그녀는 인자할 때는 인자하게 엄할 때는 엄한 모습으로 태자를 대했다. 그러니 만 씨의 사랑과 보살핌 속에서 성장한 태자는 만 씨를 경외하는 마음까지 품었다. 이처럼 태자가 자신에게 사랑, 성적 욕구, 경외심 이 세 가지 감정을 의지한 덕분에 만 씨는 태자가 즉위한 후, 궁을 휘저으며 제멋대로 행동했다.

어린 황제의 성적 본능을 일깨운
만 씨의 교태

영종의 장자였던 주견심은 방탕했던 영종 때문에 한 번의 좌절을 겪은 인물이었다. 주견심의 본명은 주견준朱見浚이었다. 정통正統 14년에 영종이 토목보土木堡에게 포로로 잡혀가자 황태후는 영종의 동생이자 선종의 차남인 주기옥朱祁鈺에게 조정을 돌보라는 명을 내리고 영종의 장자 주견준은 태자로 즉위시켰다. 그리고 주기옥은 영종이 포로로 잡혀간 지 한 달 만에 정식으로 황제로 즉위하여 명대종明代宗 경태제景泰帝가 되었고 영종은 태상황으로 존숭되었다.

1년 뒤인 경태景泰 원년 8월에 영종은 석방되어 다시 명나라로 돌아왔다. 명대종 주기옥은 말과 마차를 보내 거용관居庸關에서 태상황을 맞이한 후 수도에 들어오자마자 그를 남궁南宮에 가두었다. 경태 3년 5월에 명대종은 영종의 장자 주기준을 황태자 자리에서 폐위시키고 자신의 아들 주견제朱見濟를 황태자로 삼았다. 하지만 경태 8년 1월에 명대종 주기옥이 중병에 걸린 틈을 타 무청후武淸侯 석형石亨과 태감 조길상曹吉祥 등이 정변을 일으켜 8년 동안 남궁에 갇혀 있던 영종을 복위시켰다. 영종이 복위하자 대종 주기옥은 성왕㸑王으로 폐위되어 서궁에 유폐되었다. 그리고 얼마 후 대종은 숨을 거두었다. 영종이 복위한 후에 장자 주견준이 다시 황태자로 복위하면서 이름을 주견심으로 바꾸었다. 8년 뒤, 천순天順 8년 1월에 영종이 세상을 떠나자 태자 주견심이 즉위했는데 그가 바로 명헌종이다.

앳된 미모와
중년의 성숙미로 유혹

헌종은 즉위할 때 막 열여섯 살에 접어든 나이였고 그가 사랑하던 만 씨는 이미 서른다섯 살이었지만 여전히 한창 때의 아름다움을 간직하고 있었다. 이미 중년이었던 만 씨는 우아하고 아름다운 자태로 나이보다 더 젊어 보였다. 게다가 한창 나이의 소녀와 비교했을 때 남자를 다루는 솜씨가 더 능수능란했다.

헌종의 총애를 한 몸에 받던 만 씨는 황제만 믿고 교만하게 굴며 궁에서 권세를 부렸다. 눈치가 빠른 만 씨는 상대방의 의중을 살피는 데 뛰어났다. 그녀는 이러한 점을 이용해 오吳황후를 험담한 결과, 후궁전의 정궁을 지키던 오황후가 갑작스럽게 폐위되었다. 아름다운 오황후는 자신의 폐위에 대해 도저히 이해할 수 없었다.

오황후는 순천順天 사람이었다. 헌종이 천수 8년 1월에 즉위하고 그해 7월에 혼례를 치르면서 그녀를 황후로 책봉했다. 엄격히 말해 헌종이 황후로 삼고 싶어 했던 사람은 만 씨였고 그녀만이 그의 마음에 들었다. 하지만 조정의 극심한 반대에 부딪혔다. 황제의 친인척과 문무백관들 모두 열여덟 살의 황제를 시중드는 궁녀를 한나라의 모범을 보여야 하는 국모로 도저히 받아들일 수 없었다. 그래서 조정에서는 오 씨를 국모인 황후로 뽑아 육궁의 정궁 자리를 내어주었던 것이다.

**오황후,
책봉 한 달 만에 폐위**

하지만 조정의 권한은 빈껍데기일 뿐, 진정한 권력은 모두 황제가 쥐고 있었다. 줄곧 만 씨를 총애하던 헌종은 후궁전에서 만 씨를 가장 중요한 인물로 생각했다. 황후로 즉위한 오황후는 궁녀 신분인 만 씨가 후궁전에서 안하무인으로 행동하는 것을 그냥 두고 볼 수가 없었다. 그래서 어느 날 오황후는 만 씨의 잘못을 들추어내며 황후의 권한으로 만 씨를 치라는 분부를 내렸다. 오황후에게 벌을 받은 만 씨는 헌종 앞에서 눈물을 흘리며 자신의 억울함을 이야기했다. 자신이 사랑하는 여인이 이런 모욕을 당했는데 헌종이 참을 수 있었겠나? 그 사람이 아무리 황후라 할지라도 말이다! 대노한 헌종은 오황후가 황후의 자리에 오른 지 겨우 한 달 만에 그녀를 서인으로 폐위시킨다는 조서를 발표했다. 헌종의 조서는 황후 폐위를 억지로 정당화시키고 있었다.

오황후가 폐위되자 그의 아버지 역시 연좌제로 감옥에 갇혔다가 결국 변경으로 쫓겨났다. 게다가 오황후를 가까이서 시중들던 태감 우옥牛玉도 파면되어 야채를 재배하는 일을 했다. 우옥의 조카 태상소경太常少卿 우륜牛綸과 외조카 이부원외랑吏部員外郎 양종楊琮도 모두 제명되었다. 그리고 그의 사돈 집안인 회녕후懷寧侯 손당孫鏜 역시 파직되었다.

오황후가 폐위되면서 황후로 책봉된 사람은 왕 씨였다. 과거 헌종이 태자 시절이었을 때 영종이 헌종을 위해 열두 명의 미인들을 뽑아 보내주었다. 하지만 헌종이 오 씨, 왕 씨, 백栢 씨만 마음에 들어 해 세 사람만 동궁전에 남게 했다. 왕 씨는 황후로 책봉된 이후에 오황후의 전철을 밟지 않기 위해 후궁전에서 권세를 부리는 만 씨를 묵인해주었다.

이때부터 만 씨는 더욱 안하무인이었다. 그녀는 방 하나를 차지하고 매일 밤 헌종의 잠자리 시중을 들었다. 때문에 다른 비빈들이 황제를 만나기 힘들었으니 황제의 침소에 드는 일은 거의 불가능했다. 그래서 비빈들은 항상 풍만한 중년 부인인 만 씨가 곁을 지키고 있는 황제의 가마를 멀리서 지켜봐야만 했다.

황제의 아이를 얻은 만귀비의 횡포

황제의 총애를 한 몸에 받던 만 씨는 헌종이 즉위한 다음해인 성화 2년 1월에 헌종의 첫아들을 낳았다. 매우 기뻐하던 헌종은 흥분을 감추지 못하고 전국에 특사를 보내 산천과 천지신령께 제사를 올리도록 했다. 그리고 만 씨를 귀비로 책봉하였다.

하지만 얼마 후 황자는 불행히도 요절하고 말았다. 황후, 황태후의 자리까지 오르겠다던 꿈이 물거품이 되자 그녀는 깊은 슬픔에 빠졌다. 이후 만귀비는 다시 임신하기 위해 온갖 노력을 다했지만 아이를 가지지 못했다. 그러자 만귀비는 후궁들에게 화풀이를 하며 거칠고 사납게 대했다.

**임신한 비빈들에게
낙태약 하사**

일례로 후궁전에서 황제에게 성은을 입었

거나 임신을 한 비빈들은 모두 만귀비에게 모욕을 당했다. 그들에게 낙태시키는 약을 강제로 먹인 것이다. 이는 그들을 죽이거나 노역을 시킨 것보다 더 잔인한 처사로 이를 당한 여인들은 비통해하며 죽고 싶은 마음만 들었다. 그래서 후궁전에 있는 사람들은 만귀비 이름만 들어도 모두 벌벌 떨었다.

헌종에게는 대를 이을 아들이 없었다. 헌종은 대수롭지 않게 여겼지만 조정 안팎의 대신들은 이를 좌시할 수 없었다. 근심하던 관리들이 연이어 상주문을 올렸다. 처음에는 황제에게 후사를 널리 퍼트려야 한다고 우회적으로 말했지만 나중에는 후궁전에 있는 여인들에게 두루 성은을 내려야 한다고 직접적으로 말했다. 특히 이삼李森, 위원魏元, 강영소康永韶가 간곡하게 이야기하자 헌종은 그들에게 감동했다. 하지만 감동은 감동일 뿐, 오랫동안 만 씨에게 쌓여온 사랑의 감정이 쉽게 다른 사람에게 옮겨갈 리 있겠는가? 헌종은 쉽게 다른 이에게 마음을 줄 수가 없었다. 그래서 조정에 한바탕 일었던 황제의 후사 문제도 흐지부지 끝나고 말았다.

선화 4년에 하늘에서 여러 차례 혜성이 떨어지는 것이 보였는데, 이러한 하늘의 이상 징후는 백관들의 우려와 꼭 들어맞았다. 대학사 팽시彭時와 상서 요기姚夔 등은 조정의 관리들과 함께 황제의 후사에 대해 다시 한 번 진언했다. 황제가 사적인 감정에 얽매이지 말고 국사의 위중함을 먼저 살피길 바라는 마음이었다. 헌종이 그들에게 회답했다. "이것은 내 개인적인 일이니, 내 뜻대로 하겠다!"

대신들은 당혹감을 감추지 못했다. "이것은 황제의 개인적인 일이 분명하니, 억지로 후궁전의 다른 미인들과 함께 잠자리하도록 황제께 강요할 수 없는 것이 사실이옵니다. 하지만 황태자 책봉 문제가 어찌 국가의 대사가 아니겠습니까? 황태자 자리를 비워두게 되면 백성들의 민심이 어지러워지고 나라의 종묘사직도 위태로워지지 않겠습니까? 황제께서는 이 점을 분명 잘 아셔야 합니다!"

만귀비를 사랑하던 헌종은 그녀에게 빠져 정무는 늘 뒷전이었다. 각지에서 반란이 일어나고 명나라 군대는 출병하여 이를 진압했다. 광서廣西에서 명군은 그곳의 토사土司, 소수민족의 토착 지배자들에게 부여하는 관직 반란을 진압했다. 명군은 토사 수령인 기성紀姓을 죽이고 그의 딸 기 씨를 데려와 후궁전으로 보냈다.

서적을 관리하던
기 씨와의 하룻밤

하얀 피부에 아름다웠던 기 씨는 영리하고 총명했기 때문에 입궁한 뒤 짧은 시간 만에 여사女史로 승급되었다. 기 씨는 궁에서 하루가 다르게 성장했다. 그녀는 출중한 외모에 뛰어난 학식까지 겸비하고 있었지만 반역자의 딸이란 이유로 황제의 시중을 들거나 비빈이 될 자격이 없었다. 그래서 그녀는 줄곧 궁실에서 서적을 관리하는 일을 했다.

글짓기를 좋아하던 헌종이 글을 읽다 그녀를 우연히 만나게 됐는지 일부러 그녀를 찾아갔는지는 알 수 없다. 하지만 기 씨를 본 헌종은 그녀에게 반해 그녀와 하룻밤을 보냈다. 그리하여 기 씨는 임신을 했다. 사실 헌종이 기 씨와 잠자리를 한 것은 충동에 지나지 않았다. 헌종은 돌아서서 기 씨를 까맣게 잊고는 다시 연인인 만귀비의 품으로 갔다.

**갈수록 더해가는
만귀비의 횡포**

만귀비는 헌종의 총애를 등에 업은 채 나날이 거만하고 횡포해졌다. 궁에 있는 환관들이 조금이라도 복종하지 않으면 곧바로 쫓아내버리니 태감들은 벌벌 떨어야 했다. 또 헌종에게 성은을 입었거나 임신한 몇몇의 여인들은 모두 억지로 약을 먹고 낙태를 해야 했는데, 이 모든 일은 만귀비의 심복인 시녀들이나 태감들의 감독하에 진행되었다. 임신한 기 씨 역시 만귀비의 감시에서 벗어나지 못하고 변고를 당했다. 하지만 불행 중 다행으로 기 씨는 약을 전하는 일을 담당했던 시녀의 도움으로 낙태 약을 조금만 마시게 됐다. 결국 궁인들의 보호 아래 그녀는 몰래 서원의 안락당安樂堂에서 아들을 낳았는데, 이 아이가 바로 훗날의 명효종이다.

여인에 눈이 멀어 따라 죽은 황제

만귀비 때문에 후궁전에 있는 사람들은 두려움에 벌벌 떨며 지냈다. 때문에 냉궁인 안락당에서 아들을 낳은 기 씨는 자그마치 6년 동안 하늘을 보지 못했고 감히 황제를 만날 수도 없었다. 6년 뒤에 부자가 만나면서 기 씨는 비로소 황궁으로 돌아올 수 있었지만, 얼마 후 만귀비에 의해 죽임을 당했다. 한편, 전능錢能, 담근覃勤, 왕진汪眞, 양방梁芳, 위흥韋興 등은 모두 만귀비에게 아첨하며 그녀와 가까이 지내고 있었다. 그래서 그들이 백성들의 재물을 수탈하고 국고를 낭비하고 있었지만 그 누구도 그들의 죄를 물을 수 없었다. 그들뿐 아니라 만귀비 역시 국고를 낭비하고 있었다. 높은 지위에서 부유하게 생활하던 만귀비가 제멋대로 건물을 지어 후궁전의 국고가 텅텅 비게 되는 지경에 이르렀다. 하지만 헌종은 이에 대해 전혀 간섭하지 않았다.

**죽을 때까지 계속된
만 씨 사랑**

이처럼 사치스럽고 변덕스러웠던 만귀비가 쉰여덟 살이 되던 해였다. 하루는 그녀가 궁녀에게 화가 나 정신없이 궁녀를 때렸는데, 몸이 뚱뚱했기 때문인지 혈압이 올라 그 자리에서 쓰러지고 말았다. 그리고 다시는 깨어나지 못했다. 만귀비는 이처럼 운 좋게도 궁에서 급사했다. 이 소식을 들은 헌종은 가슴이 찢어질 듯한 고통을 느끼며 몹시 마음 아파했다. 헌종은 음식을 전혀 입에 대지도 않은 것은 물론 7일 동안 조정을 임시로 폐하기까지 했다. 그는 만귀비에게 공숙단신영정황귀비恭肅端愼榮靖皇貴妃라는 시호를 내리고 천수산天壽山에 묻게 했다. 만귀비를 그리워하던 헌종은 혼자 멍하니 있는 날이 많았으며 한숨만 푹푹 내쉴 뿐이었다. "만귀비가 가고 없으니 어찌 내가 오래 살 수 있겠는가?" 하루 종일 울적하게 지내던 헌종은 결국 슬픔을 이기지 못한 채, 만귀비가 죽은 지 몇 개월 만에 마흔의 나이로 세상을 떠났다.

5

황제와 여인들 그리고 내시들

환관은 중국에만 있었던 특수한 제도는 아니었다. 그러나 중국 고대 황궁에서 환관이란 위치는 아주 중요했고, 또 충분한 이용가치가 있었다. 환관은 황제의 생활뿐 아니라 그들의 여인에게도 중요한 역할을 차지했다. 남자도, 여자도 아닌 제 3의 성이었던 환관은 황궁이라는 복잡한 세계에서 윤활유와 같은 존재였다.

황제가 안심하고 곁에 둘 수 있었던 남자

환관은 황제의 필요에 따라 그 수요가 결정되었다. 일부다처제라는 정치색을 띤 후궁전은 부호나 대갓집과는 비교할 수 없을 정도로 복잡한 세계였다. 황제가 유일한 남자였고 황후와 후궁은 처첩이었으며 궁녀는 하녀였지만 후궁이 될 수도 있었다. 이러한 존귀한 가정에는 특수한 하인이 수없이 많이 필요했다. 황제와 비빈들이 수많은 궁녀들을 거느리긴 했지만 그녀들만으로는 황실 업무를 충당할 수 없었다. 예를 들어 빠르게 뛴다든가, 황제의 도착을 알린다든가, 힘을 요하는 노동 등을 할 사람이 필요했던 것이다. 하지만 남성이 입궁하면 불미스러운 일이 발생할 가능성이 있었으므로 황제는 남성의 입궁을 허락하지 않았다. 이러한 이유로 환관宦官이 궁중의 일을 담당하기에 가장 이상적인 사람으로 선택되었다. 부호나 귀족들도 환관들을 집안에 들여 일을 맡겼는데, 송宋대 이전에는 돈만 있으면 누구나 환관을 사고팔 수 있었다. 하지만 송대에 들어 여염집의 환관 소유를 금한다는 명이 내려지면서 환관은 황제만의 전유물이 되었다. 그러다 청대에 이르러서는 황족들도 환관을 부릴 수 있게 했다.

환관이 일종의 제도로 정착하게 된 것은 황제의 독단적인 결정 때문이었다. 성상로相, 점성과 관상-옮긴이에서 왕좌 주위에 4개의 환관별이 있다 했고, 《주역周易》에서는 '천수상天垂象, 성인칙지聖人則之'라 했다. 그들은 황제를 천자라 칭했는데, 즉 인간계의 신이며 황제의 권위는 신의 신비로움을 지녔다는 의미였다. 또한 궁전을 관리하고 황제의 시중을 드는 사람은 반드시 바깥세계와 차단된 특수한 인격을 가진 사람이어야 했는데, 이들이 바로 환관이었다. 환관은 신체적 결함 때문에 다시는 바깥에서 생활하지 못했다. 《후한전后漢書》의 저자 범엽范曄은 환관이 신체적으로 완전하지 않기 때문에 정직하고 부리기가 쉽다고 했다. 이러한 사람들이 황궁을 지키고 있었으니 황제도 안심할 수 있었을 것이다.

황제는 후궁들의 정조를 지키기 위해 특히 황제 자신의 필요에 의해 환관을 궁중에 두었다. 유방劉邦은 황제가 된 이후 자신을 도운 전우를 멀리했고 자신이 죽기 1년 전부터 병이 들어 신하의 알현을 받지 않았다. 하루는 번쾌樊噲가 대담하게도 궁 내로 뛰어들다 유방이 한 환관의 다리를 베고 누워 무언가를 생각하는 광경을 목격하게 되었다. 이 광경을 본 번쾌는 울분을 참지 못해 눈물을 흘리며 외쳤다. '전하와 저희 대신들은 천하를 통일하여 백성들을 편안케 했으나 응당 내일에 대비해야 하거늘, 오늘날 전하께서는 중신들을 소홀히 하시니 어찌된 일입니까?' 유방은 웃으며 일어나 앉았으나 번쾌의 말에는 대답하지 않았다.

유방은 황제의 자리에 오른 이후 가장 외로운 사람이 되었다. 자신과 의기투합할 사람이 없다고 생각했다. 만일 있다면 적으로 간주되어 반드시 제거되었다. 믿을 만한 사람도 없었고 그에게 끝까지 충성을 바칠 사람도 없었다. 그러나 환관은 예외였다. 그에게는 두 종류의 신하가 있었다. 하나는 문무백관들이고 다른 하나는 환관들이었다. 황제는 환관들만이 자신을 위해 충성하고 문무백관들은 사심을 품고 있다고 생각했다. 비록 문무백관들이 황제에게 충성하고 있지만 그들에게는 처자식이 있으니 일이 생기면 반드시 그들을 먼저 챙길 것이며, 환관들은 밤낮으로 황제를 수행하고 있으므로 황제가 유일하게 믿을 수 있는 사람이라고 생각했다.

**황제의 진정한 노비,
환관**

태감의 충성심에 대해선 고대 아라비아와 유럽인들 역시 같은 견해를 가지고 있었다. 그들은 남자가 거세를 당하면 정복당했다는 의미로, 정복당한 자는 반항할 힘을 잃어 주인에게 충성할 수밖에 없다고 생각했다. 더군다나 가족, 바깥세상과도 인연을 끊고 주인을 위해 충성할 뿐이라는 것이다. 서아시아와 유럽의 왕실에서도 내시들로 하여금 왕궁을 보살피고 국왕의 안전을 지키게 했다. 이로 미루어보아 환관이 중국에만 있었던 특수한 제도가 아님을 알 수 있다. 그러나 중국 고대 황궁에서 환관이란 위치는 아주 중요했고 또 충분한 이용가치가 있었다. 환관은 황제의 생활에서 가장 중요했다. 한때는 환관이 황궁에서 결코 없어서는 안되는 인물이기도 했다.

황제는 진정한 노비를 원했다. 황제와 환관은 완전한 주인과 노비의 관계였다. 반면에 황제와 신하 사이에는 '의義'라는 개념이 추가되었다. 일례로 신하가 황제를 알현할 때에는 일정한 예의를 갖추어야 했다. 한무제漢武帝 때의 일이었다. 급암汲黯이 황제를 알현하러 왔는데 한무제가 모자를 제대로 쓰고 있지 않았기 때문에 감히 모습을 드러내지 못했다고 한다. 하물며 황제가 재상의 다리를 베고 누울 수가 있겠는가? 이처럼 대신들과 환관들은 절대 같을 수 없었다.

대신들이 자신의 주장을 내세운 반면 환관은 노비로서 군주가 하는 일이 옳든 그르든, 군주가 기뻐하든 노여워하든 주인의 말을 그대로 따랐다. 환관은 순종으로 황제에 대한 존경과 사랑을 표시했다. 그들은 황제의 곁에서 안색을 살펴 의중을 헤아리고 극진히 보살피며 황제가 자신들을 더욱 신뢰하게 만들었다. 음주가무에 빠져 정사를 돌보지 않았던 몇몇 황제들은 환관들의 이러한 극진한 보살핌을 필요로 했기에 환관들을 완전한 자신의 사람이라 여겼다. 궁 안에서 황제는 환관을 가노家奴라 칭했다. 그리고 환관들은 황제를 만세야萬歲爺, 비빈들을 낭낭娘娘이라 불러 가족과 같은 분위기를 자아냈다.

황제는 태어나자마자 환관들과 함께하여 유모의 품에서 벗어나게 되면 환관들에 의해 키워지게 된다. 환관과 함께 공부하고 대화하며 산책하고 예를 행하며, 심지어는 환관에게 문화를 배우기도 했다. 황제의 신임을 받은 수많은 환관들은 모두 황제의 유년 시절 동무였다. 평생을 자신과 함께했던 환관들에 대한 황제의 신임은 황제의 어머니와 황후를 비롯한 다른 누구와도 비교할 수 없었다.

누가 환관이 되는 것인가

거세를 당한 사람이라면 누구도 다시는 예전으로 돌아갈 수 없다. 그렇다면 과연 어떤 사람들이 이런 엄청난 고통을 겪고 환관이 되었을까? 먼저 고대의 형벌 중의 하나인 궁형宮刑을 들 수 있다. 궁형은 부형腐刑이라고도 불리는데 거세를 당한 곳에서 고약한 냄새가 난다고 해서 붙여진 이름이다. 궁형은 사형에 버금가는 형벌이었다. 궁형을 받은 후 잠실蠶室로 끌려 내려갔다. 잠실은 햇빛이 들어올 수 없게 사방이 막힌 방으로 궁형을 받은 사람이 이 방에서 40일 이상을 견딘 뒤에 나오면 그제야 상처가 아문다고 한다.

거세를 당하는 죄인들

위대한 사학자인 사마천司馬遷은 궁형을 받은 사람이다. 프랑스의 철학자인 피터 아벨라드Peter Abelard 역시 이 치욕을 당했다. 태사령太史令이었던 사마천은 한무제 앞에서 흉노匈奴족인 이릉강李陵降을 변호하다가 무제의 분노를 사 궁형에 처해졌다. 궁형을 받은 후 사마천은 내정의 요직인 중서령中書令에 올랐다. 같은 시대의 음악가인 이연년 역시 어떤 죄를 지었는지도 모른 채 무제에 의해 환관이 되어버렸다. 아마도 사마천과 이연년은 무제가 곁에 두고 싶어하던 인재였을지도 모른다. 그러나 후세에는 군주들이 어떤 사람을 환관으로 만들고자 생각했다면 죄명을 생각해낼 필요도 없이 아주 간단하게 환관으로 만들어버렸다. 대표적인 예로, 당현종唐玄宗 때 라흑흑羅黑黑이라는 예인藝人이 있었다. 현종은 그를 궁으로 들여 궁녀들에게 비파를 가르치게 했으나 불미스러운 일이 생기는 것을 막기 위해 라흑흑에게 거세를 시행했다. 또, 명나라 때 이름 없는 일개 졸병이었던 왕민王敏은 축국蹴鞠, 고대의 공차기 – 옮긴이을 잘해 명선종明宣宗의 눈에 들어 거세당한 뒤 내시가 되었다.

북위北魏의 환관은 모두 궁형을 받은 죄인들로 이루어져 있었다. 그래서 당시 사람들은 환관을 전과자라 부르기도 했다. 당송대 이후부터 죄인을 환관으로 부리는 사례는 점점 줄어들었다. 그러다 명대에는 궁형을 받은 뒤 환관이 된 사람으로는 숙부의 범죄에 연루되어 처벌받은 회은懷恩 한 사람뿐이었다.

환관의 또 다른 기원은 어릴 때 거세를 당해 환관이 된 사람들이다. 거세하기 위해 선택된 아이들은 모두 똑똑하고 현명하며 준수한 용모를 지닌 아이들로 입궁 후 태후와 비빈들의 총애를 받았으며 과중한 업무에 시달리지도 않았다. 당나라 무측천 때는 명을 받고 영남嶺南의 토격사討擊使 이천리李千里가 데려온 두 명의 거세 소년에게 각각 금강金剛과 역사力士라는 새로운 이름을 내려주었다. 역사는 총명하고 용모가 단정해 입궁하자마자 무측천의 사랑을 독차지했다.

거세를 당하거나
자진한 소년들

명성조明成祖 때는 대신 장보張輔가 교지交趾에 가서 준수한 남자아이 몇몇을 뽑아 수도로 데려와 거세한 후 환관으로 만들었다. 그들 중에는 범홍范弘, 왕근王瑾, 완안阮安, 완랑阮浪 등이 있었는데, 그중 범홍은 고상한 기풍이 있어 문학에 조예가 깊었다. 성조는 그를 아껴 전례를 깨고 내시인 그에게 학문을 깊이 연구하라는 분부를 내렸다. 이처럼 범홍이 모신 황제들은 모두 그를 아꼈는데 특히 영종英宗은 그의 고상한 기풍을 칭찬하며 그를 '봉래길사蓬萊吉士, 봉래산에 사는 신선 - 옮긴이'라 부르기도 했다.

명대에 대신과 태감 초평劓平은 남부 소수민족들의 반항을 진압한 후 여러 차례에 걸쳐 거세한 어린 소년들을 조정에 바쳤는데, 그 이유는 이들의 싹을 자르고 반역을 방지하기 위해서였다. 명영종明英宗 천순년天順年에 호광湖廣, 호북성과 호남성 - 옮긴이 귀주貴州에 주둔하고 있던 태감 원양阮謙은 놀랍게도 한꺼번에 1565명의 어린 소년에게 거세를 실시했고, 수술 후에 죽은 아이만 329명에 달했다. 그러나 원양은 이에 그치지 않고 죽은 인원만큼 다시 보충하여 총 1894명의 거세한 아이들을 공물로 바쳤다. 영종은 이 일을 보고받은 후에 대노하여 원양을 엄하게 문책했다. 너무나 많은 아이들에게 거세가 시행되자 황제는 불안감을 느꼈다. 만일 그 숫자가 조금이라도 적었다면 황제는 이를 당연하게 받아들였을 것이다. 명무종明武宗 때 복건福建의 총사령관인 진무陣懋가 거세한 소년

800명을 바치자 무종이 이를 태연히 받아들인 것을 보면 말이다.

당대에서 명대까지 영남嶺南과 민중閩中 지방에서 수많은 환관들이 배출되었는데, 이 두 지방이 환관의 공급지 역할을 했다. 조정은 이 지역에서 식량이나 세금을 징수하듯 환관을 징수했다. 당나라 조정에서는 나라 안에서 인신매매를 금지했는데 영남과 민중은 국내 지역으로 취급하지 않았다. 그래서 이 일대에서 생산된 환관들은 아라비아인에게 팔려가 각 지역으로 보내졌다. 가난으로 궁지에 몰려 사람 취급도 못 받는 상황에서도 영남과 민중 지방 사람들은 환관이 되기를 원치 않았다. 그러나 그 일대에는 환관 사업으로 손바닥 뒤집듯 쉽게 돈을 번 사람들이 끊이지 않아 환관 시장은 명조까지 계속 번성했다.

당대에는 각 도道, 도는 행정구에서 조정으로 보낸 거세한 소년들을 '사백私白'이라 불렀다. 궁형이 소멸된 후로 거세하는 것을 '정신淨身'이라 불렀는데, '백白' 역시 같은 맥락의 의미였기 때문에 일반적으로 '정신'을 행한 후에 그들을 '백'이라 불렀다. 반면 '자궁自宮'은 스스로 원해서 거세를 받거나 스스로 거세를 행하는 것을 일컫는 말이었다.

많은 이들이 꿈꾸던 인기 직업, 환관

송대 이후, 많은 사람들이 환관이 되고 싶어했다. 지원자의 수도 점점 많아져 명·청 두 시대에는 공급이 넘쳐날 정도였다.

송대에서는 자원하여 거세하길 원하면 병부에 보고하도록 규정되어 있었다. 용모가 단정하고 복스러운 자를 뽑아 길일을 택해 수술했다. 병부에 날짜를 기록해 나중에 검사를 받도록 상주하고 거세된 상처가 아물고 나면 곧바로 입궁시켰다. 입궁하고 나면 새로운 인생이 시작되었는데, 자신이 거세받은 날을 자신의 생일로 정하고 자신의 운명을 점칠 때에도 그 날짜를 사용했다.

나는 새도 떨어뜨릴
엄청난 환관의 권세

직업으로서의 환관의 인기는 아마 당대 환관이 엄청난 권세를 얻은 것과 관련이 있을 것이다. 당나라 조정에서 환관의 위세는 나는 새도 떨어뜨릴 만큼 대단해서 황제를 맘대로 주무르거나 죽여 없애버리기까지 했다. 이후 백성들은 환관을 멸시하기보다는 경외의 시선으로 바라보기 시작했다. 시대가 바뀌면서 가난에 찌들고 자신의 운명을 바꿀 자신도 없고 천성적으로 게으르며 망상하기를 좋아하는 하층민들이 환관이 되기를 원했다. 또한 학업과는 근본적으로 인연이 없는 무직의 유랑민들은 더욱더 환관이 되고 싶어 했다. 환관이 되어 두각을 나타내기만 하면 고관대작들과도 어깨를 나란히 할 수 있었다. 환관의 가족들 역시 그의 명성을 등에 업고 고관대작과 귀족 집안보다 자신들이 우월하다고 여기며 황가를 제외한 모든 이들을 업신여기기도 했다.

하지만 무엇보다도 환관이 되길 원했던 가장 큰 이유는 생계를 위해 의탁할 곳을 찾기 위해서였다. 먹을 것과 입을 것, 성에 대한 욕구가 인간의 기본적인 욕구이긴 하지만 먹을 것과 입을 것이 제대로 없는 가난한 사람들, 특히 가난한 시골에 사는 몇몇 남자들에게 결혼은 꿈도 꿀 수 없는 것이었다. 가장 기본적인 욕구를 충족시키기 위해 사람들은 스스로 하인이 되길 결심했다. 그러면서 이왕이면 고관대작의 하인보다는 아예 황가에 몸을 맡겨 황제나 비빈들의 시중을 드는 것이 더 낫다고 생각했다.

명대에는 전국적으로 자궁을 한 사람들이 많았다. 경성에서 수천 리나 떨어진 민閩, 지금의 복건성-옮긴이에서 명숭정明崇禎때까지 수만 명의 환관이 제공되었고 도성 밖과 하북河北 일대가 신흥 환관 생산지가 되었다.

환관의 수가 넘쳐나던 시대

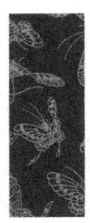

조정은 자궁을 한 자들을 어떻게 대했을까? 조정의 태도는 부정적이었다. 명대 조정에서는 자궁을 엄격히 금했다. 명인종明仁宗 때는 자궁을 하여 직업을 구하려는 자들을 교지交趾로 귀향을 보냈다. 선종宣宗 때에는 산동山東에서 90여 명의 자궁자들이 진왕부晉王府에 몸을 의탁하려 왔다는 소문을 듣고 선종이 의금부에 어명을 내려 이들을 모두 잡아들이도록 했다. 그러다 경태景泰 연간에 조정이 자궁자들을 받아들이기로 하자 수백, 수천 명의 자궁자들이 몰려왔다. 하지만 명헌종明憲宗은 엄격히 자궁을 금했다. 그리고 자궁자들을 고향으로 돌려보내 하인으로 살도록 했으며 왕부에 숨어 지내지 못하게 했고 이를 어길 시에는 사형에 처했다. 몇 년 후, 사백~오백 명의 자궁자들이 궁으로 몰려와 자신들을 받아주기를 청하는 시위를 벌였다. 이에 분노한 선종은 '하늘의 뜻을 거스르고 스스로 자신의 것을 자른 자들이 떼지어 몰려와 소란을 피우니 엄히 다스려야 할 것이로되, 사면의 기회를 주도록 하겠다. 금의위는 이들에게 각각 곤장 오십대씩을 치고 호부로 압송하여 해호海戶, 명나라 때 황가의 동물원이 있던 곳 – 옮긴이의 하인으로 보내도록 하라. 이후 다시 소란을 피우는 자가 있으면 사형에 처하고 그 가족을 변방으로 축출할 것이다.'라는 조서를 내렸고 예부를 통해 황제의 뜻을 전국 각지에 알렸다. 자신의 몸을 해하고 집을 떠나 부귀영화의 환상을 쫓던 불쌍한 자들이 얻은 것은 곤장과 사형의 위협뿐이었다.

자궁은 불효, 사형에 처해지기도

명효종明孝宗 때에는 《명회전明會典》에 자궁자를 불효죄라 규정하고 자궁을 금지하는 법조항을 기록했다. 자신의 신체를 잘 지키는 것이 효孝의 의미였다. 때문에 부모에게 받은 신체에 조금이라도 상해를 가하게 되면 불효라 생각했기에 사람들은 머리카락 한 올도 몹시 귀중히 여겼다. 맹자는 '불효유삼, 무후위대不孝有三無後爲大, 불효에는 세 가지가 있는데 그중에서 자식이 없는 것이 가장 큰 불효이다 – 옮긴이'라 하여 효가 가장 중요한 진리라고 주장했다. 따라서 자궁자들은 가장 큰 불효를 저지른 자들이므로 그들에게 가장 엄중한 형벌을 가하는 법조항이 있었는데 바로 대벽大辟, 죄인의 목을 베던 형벌 – 옮긴이이었다.

그러나 사실상 사형에 처해진 자궁자는 없었다. 자궁자의 처리에 대해서는 매번 황제의 조서에 의해 법령으로 정해졌다. 황제는 조서에서 자궁자들의 불효를 질책할 뿐 불효를 법으로 논하지 않을 터이니 황제의 은혜에 감사하라 했다. 따라서 자궁자들은 점점 더 늘어났다. 자궁자들은 후궁에서 환관을 필요로 하는 한 언젠가 입궁하게 될 것이라 믿었고 황제 역시 그런 그들을 외면하지 않았다. 명 황실에서는 몇 년에 한

번씩 이천~삼천 명 정도의 새로운 환관을 뽑았는데, 후보자만 수만 명이 넘었다.

입궁하지 못한 자궁자들은 아주 딱한 처지에 놓이게 되었다. 숭정崇禎 재위 17년 동안 모두 세 번에 걸쳐 만 명 이상의 환관을 뽑았다. 여기에 뽑히지 못한 자궁자들은 도성 밖의 절에 몸을 의탁했다. 백성들은 이들을 '무명백無名白'이라 불렀다.

만력萬曆 연간에는 입궁하지 못한 자궁자들이 도성 밖을 떠돌며 노상강도짓으로 연명했다. 《만력야확편萬曆野獲編》의 저자인 심덕부沈德符는 십수 명의 자궁자들이 패원문敗垣門에 숨어 지나가는 마차를 지켜보다가 있다가, 약하고 힘없이 생긴 자궁자가 그 앞에 서서 구걸을 하면 신체건장한 자들이 나타나 말의 고삐를 잡고 재물을 요구하는 것을 직접 목격했다고 한다.

**황제뿐만 아니라
귀족들도 들인 환관**

입궁하지 못한 자궁자들의 수도 많았지만 궁내의 환관들 역시 포화상태였다. 명대 환관의 수는 최고봉에 다다랐다. 청초淸初, 명말明末 궁정의 용도를 조사했을 때, 환관의 수는 십만 명으로 궁녀 구천 명보다 무려 열 배나 많았다. 명이 멸망할 무렵 궁중에서 가까스로 목숨을 구해 달아난 태감의 수는 칠만 명에 달했다. 그러나 청대에서는 태감의 수를 엄격히 제한했다. 궁 안과 궁 밖의 원유苑囿, 황실의 동물을 기르던 곳 - 옮긴이에서 일하던 환관의 수는 모두 이천여 명이었고 강희연간康熙年間에는 칠백 명에 불과했다.

청대 건륭제는 자궁자에게 행해졌던 대벽大辟형을 거두고 생계를 위해 거세한 자들을 용서해주었다. 조정에서는 더 이상 자궁을 범죄로 보지 않고 이를 허락했으나 자궁한 자 모두를 받아들일 수는 없었다. 이에 따라 환관을 양육하는 곳이 늘어나면서 귀족 집안에서도 이들이 일할 수 있도록 허가하여 왕족들도 자연스럽게 환관을 쓸 수 있게 되었다. 조정에서는 일품一品 이상의 관리들만 환관을 쓸 수 있도록 허가했는데 실제로 중상급의 관리들도 모두 환관을 집안에 들였다. 강희 19년에 재상이 황제에게 왕공대신 이외에 환관을 들이는 신하들을 문책하라 요구했다. 그러자 강희제는 '삼품三品 이상의 관원들에게는 이를 허가하지만, 백성에게 해가되는 자궁을 막기 위해 나라에서 규정을 만들어 실시하도록 한다.'라는 어지를 내리기도 했다.

자궁자들이 입궁을 신청하기 위해선 먼저 예부에 등록하여 검사를 받아야 한다. 청대에는 다음과 같은 규칙이 있었다. '자궁자들은 먼저 예부에 등록한 후에는 다시 내무부 회계사와 장의사掌儀司의 우두머리에 넘겨지고 장의사에서 나온 나이든 태감이 그들을 검사한다. 이를 통과한 자들은 궁전감수령宮殿監首領, 궁전을 감시하는 우두머리 - 옮긴이에게 넘겨진다. 궁전감수령은 이들을 데리고 황제를 알현하며, 황제가 그중 마음에 드는 자를 선택하면 나머지는 각 궁에 배치된다.'

입궁 후 대부분 의부를 따라
새로운 인생 시작

입궁 후에는 사부師父, 즉 의부義父를 만나게 되는데 이는 당대에서부터 시작된 규정이었다. 입궁 후 환관이 되면 새로운 인생을 살게 되고 큰 변화를 겪는다. 그 변화는 사부를 의부로 맞고, 어떤 이는 의부의 성을 따르기도 했다. 예를 들면 고력사의 본래 성은 풍馮 씨였고 그의 증조부 풍앙馮盎은 수나라 조정에서 벼슬을 지낸 인물이었다. 하지만 고력사는 입궁 후 고연복高延福을 의부로 맞이하여 고高 씨로 성을 바꾸었다. 또, 고력사 이전의 이름 높은 환관으로 양사욱楊思勖이란 자가 있었다. 본래 그의 성은 소蘇 씨였으나 양楊 씨 성을 가진 환관의 양자가 되어 그의 성을 따랐다. 구문진俱文珍도 의부의 성을 따르며 이름도 유정양劉貞亮으로 바꾸었다. 송대에는 거의 모든 환관들이 의부의 성을 따랐다. 그들의 전기傳記를 살펴봐도 반드시 '부父'의 이름을 따라야 한다고 기록되어 있다.

모든 환관들은 중년이 넘으면 양자를 들일 수 있었는데 이러한 관례는 대대로 계승되었다. 명대에는 환관이 입궁하면 반드시 대당大璫, 당 은 한나라 환관의 모자 장신구, 환관을 칭하는 말이다 – 옮긴이에게 몸을 의탁해 모모某某 명하名下로 불렸는데, 예를 들어 조길상曹吉祥이 입궁한 후 왕진명하王振名下로 의탁해 들어갔다.

사부의부와 제자양자의 관계는 주인과 노비의 관계였다. 지위가 높은 환관은 궁내 주인 앞에서는 자신을 노비라고 칭하다가 지위가 낮은 환관 앞에서는 자신을 주인이라 칭했다. 따라서 갓 입궁한 환관들은 먼저 노비의 노비가 되는데 이렇게 평생 노비의 노비로 남아 있을 수도 있었다.

남자도 여자도 아닌 환관이 하는 일

갓 입궁한 환관들 중, 키가 크고 건장한 자들은 가마를 들거나 햇빛가리개를 드는 연습을 했다. 황제의 가마를 수행하는 '답응答應', '장수長隨'라는 태감들은 활과 화살, 하사품 등이 든 상자를 들고 가마를 뒤따랐다. 황제가 대신들에게 하사하는 물품은 장수가 받들어 보내고 조정의 문무 대신들과 지방의 관원들이 황제에게 올리는 서신과 예물들도 모두 장수가 수납했다.

각루방刻漏房의 태감들은 시간을 살펴보는 업무를 맡았다. 낮에는 문화전文華殿 뒤에서 당직을 서며 한 시각마다 궁에 들어가 시각판을 바꾸고 밤에는 융종문隆宗門 밖에서 당직을 서며 큰 소리를 질러 시간을 알렸다. 궁내의 큰 길마다 돌로 받침대를 만들어 세운 등이 설치되어 있었는데, 매일 저녁 궁중 창고를 관리하는 태감이 기름을 부어 이 등을 밝혔다.

야간의 안전을 지키는 일은 아주 중요했다. 신무문神武門의 동서 양쪽과 장경문長庚門 밖 처마 아래에 배치된 답응과 장수들은 궁성의 문 이음새에서 흘러나오는 불빛을 자세히 살폈다. 만일 일이 생기면 각 장수들은 어느 곳에 불이 꺼졌는지 살펴보고 급히 그곳으로 달려갔고 즉시 황제에게 보고했다.

**깊이 잠들 수 없었던
환관의 임무**

야간에는 장인掌印, 병필秉筆, 관사패자管事牌子라는 태감들이 궁에서 숙직을 했다. 궁내 각처에 숙직하는 태감들이 남아 있었는데, 황제가 침수에 들면 각처로 돌아가 숙직하고 침전의 문은 굳게 잠갔다. 옷과 모자를 책임지는 태감은 숙직 태감의 옷과 모자를 두 줄의 끈으로 묶어 나란히 연결해 놓았다. 이를 '연輦'이라 불렀는데, 일이 있어 빠르게 옷을 입을 때 편리했다. 이 방의 책임을 맡은 태감은 매일 저녁 탁자 위에 조그만 등을 켰다. 그리고 글을 쓰거나 가래를 뱉고 손을 닦는 데 쓰는 작은 종이를 준비해 놓고 준비해둔 필기구를 주머니에 넣어 두었다.

숙직 태감은 밤에 잠을 잘 때 역시 완전히 잠이 들어서는 안됐다. 만일 황제가 갑자기 일어나거나 예측하지 못한 일이나 화재가 발생할 경우, 숙직 태감은 즉시 일어나 옷을 갖춰 입고 손에는 다섯 자 길이의 막대를 들고 신속히 황제에게 달려가 황제의 부름에 답하거나 황제를 보호해야 했다.

물론 숙직 태감도 긴장을 풀고 주의를 게을리한 때가 있었다. 천계天啓 연간에 궁에서 위충현魏忠賢의 난이 발생했을 때, 태감들은 감히 황제 앞에서 직무를 태만히 했다. 한밤중에 경계를 알리는 함성을 듣고 황제가 놀라서 일어나보니 황제의 곁에는 궁녀 몇 명밖에 없었다. 당시 숙직 태감들은 한 끼 식사를 마칠 시간 정도가 지나자 그제야 꾸물거리며 나타났다. 황제의 얼굴은 분노로 가득 찼다. 태감들은 술에 취해서 잠이 들었고 옷을 풀어헤친 채 벌거벗고 누워 있었기 때문에 빨리 일어날 수 없었던 것이다.

황궁 안에서
저마다 달랐던 역할

한편, 헌정憲禎 때에 국경지역에 긴장이 감돌자 숙직 태감들은 옷을 갖춰 입은 채 초낭貂囊 안에서 잠을 자며 일이 발생하면 즉시 나와 부름에 답했다. 헌정제는 밤에 잠을 잘 이루지 못해 때때로 한밤중에 상소문을 살펴보았기 때문에 숙직 태감에게 먼저 잠을 자도록 해주었다. 하지만 본래 규정에는 황제가 침소에 들기 전 태감이 먼저 잠을 잘 수가 없었다.

나무로 지어진 건축물이 불에 가장 약했기 때문에 궁중에서는 불을 다루는 데 특히 주의했다. 그래서 숙직 태감의 음식은 모두 어하御河, 강이름-옮긴이에서 익힌 뒤 궁중으로 들여와 숯불을 이용해 데워 먹었고 감히 석탄을 태우지 못했다.

조석으로 황제의 곁에는 의복을 책임지는 어전편자御前牌子, 난전暖殿이라 불리는 태감들이 있었다. 이들은 모두 황제가 직접 뽑았으며 어리고 용모가 준수했고 사람의 마음을 잘 헤아리는 태감들이었다. 또 궁중의 제사와 예를 행하는 과정에서 중요한 역할을 하는 찬예贊禮 태감이 있는데 모두 행동이 민첩하고 목소리가 맑고 우렁차며 행동거지가 점잖은 자들이었다.

환관들의 삶을 들여다보다

지위가 낮고 허드렛일을 하며 그 수가 많아 이름조차 알 수 없는 환관들은 총애받고 마음대로 권력을 휘두르며 심지어는 '대역무도'한 환관들과는 하늘과 땅만큼의 큰 차이를 가진 진정한 노비였다.

환관은 입궁하게 되면 먼저 사부를 만난 후 사부의 시중을 들게 된다. 제자 혹은 양자로서 환관이 되면 매일 사부의 얼굴을 씻기고 옷을 갈아입히고 사부의 가르침을 받았다. 이러한 사부의 지도하에 궁중의 규칙, 즉 호칭, 차 따르는 법, 식사 준비하는 법, 어명을 전하는 법, 낮에는 어떻게 일하고 밤에는 어떻게 당직을 서는지 등을 배웠다.

가장 지위가 낮은 환관은 평생 청소하거나 힘을 써서 일하는 자들인데, 명대에는 이들을 '정군淨軍'이라 불렀다. 입궁한 환관은 우선 황제나 태후, 황후에 의해 각 처소에 하인으로 뽑혀 가고 나머지는 힘든 일을 하는 환관, 즉 정군이 된다. 정군들은 직접 주인을 시중들 기회가 없기 때문에 직접 주인의 시중을 드는 환관들이 그들을 업신여기기도 했다. 하지만 그들도 주인 시중을 제대로 못 들거나 조그마한 실수라도 저지르는 날에는 즉시 정군으로 강등되었다.

제3의 성을 가진
인격체

환관은 거세 수술을 받은 후 생식능력이 없는 남자만이 될 수 있었는데, 어떤 사람은 이들을 가리켜 제3의 성性이라 했다. 환관들은 보통 수염이 나지 않는 창백한 얼굴에 뒤룩뒤룩 살찐 몸을 하고 있었다. 어린 환관들은 남장을 한 여자와 비슷했고 나이 많은 환관들은 용모와 행동이 진중했다. 환관들의 목소리는 날카롭고 음이 높아 명청明淸 시기의 환관에게는 공연을 시키기도 했다. 그들은 비뇨계통이 불구였기 때문에 바지에 오줌을 싸는 결함이 있어 악취를 풍기기도 했다. 한대에 낭중영郞中令 주인周仁이라는 사람이 바지를 적시는 병을 앓아 항상 헝겊조각을 덧대어 기운 바지를 가지고 다녔는데, 한경제漢景帝에 의해 환관이 된 후 이를 사용하여 황제의 침실을 출입했다.

환관들은 대개 정서가 불안하고 자신을 불쌍히 여겨 감상에 빠지거나 분노를 터트리기 일쑤고, 속이 좁고 잔꾀 부리기를 좋아하거나 무뢰배 같은 모습으로 표현된다. 그러나 대부분의 환관은 마음이 부드럽고 동정심이 많았다. 환관의 착한 마음씨에 대해서는 《구경쇄기舊京瑣記》에 잘 나와 있다. 청대에 궁에 과일을 공급하던 장張아무개라는 상인이 있었다. 그는 수많은 환관들에게 돈을 빌리고 오랫동안 갚지 않았다. 하루는 한 환관이 그에게 빚을 독촉하러 오자 장 씨는 모습을 감추고 자신의 아내를 대신 내세웠다. 환관은 몹시 화를 내며 집으로 들어와 탁자를 치며 빚을 갚지 않으면 반드시 목숨과 바꿔야 할 것이라며 목소리를 높였다. 여자는 환관의 마음이 조금 누그러지자 차를 따르며 집안 사정이 얼마나 나쁜지, 빚은 얼마나 되는지 이야기하며 차라리 죽는 게 낫다고 울며 하소연했다. 환관은 여인의 하소연을 들으며 마음 아파했다. 그는 여인과 함께 눈물을 흘리며 그녀를 위로했다. 그는 "정말 안됐구려. 내 오랫동안 그와 우정을 나눠왔는데 어찌 수수방관하겠소?"라고 말하더니 품속에서 엽전 한 꾸러미를 꺼내주며 그녀를 위로했다. "내가 빌려준 돈은 얼마 되지 않으니 걱정하지 마시오." 여인은 돈을 받아 챙기며 울며 고맙다고 말했다. 사실 그녀의 이야기는 모두 거짓이었다. 환관이 떠난 뒤 상인 장 씨는 웃으며 나왔다. 그가 최근 십 년간 이러한 방법으로 빚을 받으러 온 환관들을 돌려보냈는데 모두 효과가 있었다고 한다. 《구경쇄기》의 작가는 한숨을 쉬며, "이것이 바로 부사婦寺의 착한 마음이 아닐까?"라고 말했다. 여기서 사寺는 환관의 별칭이다.

갓 들어온 환관은 때때로 사람을 갖고 놀기도 했다. 광서제光緒帝의 국혼이 치러질 때였다. 앞서 말한 장 아무개가 어용 과일을 공급하게 되어 아홉 개의 쟁반에 각각 아홉 개의 커다란 붉은 사과를 놓은 후 쟁반을 받쳐 들고 들어가려 하다가 깜짝 놀랐다. 각각의 쟁반 가장 위에 놓여 있던 사과가 한 개씩 사라진 게 아닌가. 그 곁에는 갓 들어온 환관이 그를 흘겨보며 웃고 있었다. 하지만 장아무개는 이런 일이 생길 것을 예측하고 있었으므로 품속에서 아홉 개의 사과를 꺼내 쟁반에 하나씩 올려놓았다. 이런 조그마한 사고는 자주 발생했다.

환관들은 자신들의 직권을 이용해 재물을 탐할 기회를 놓치지 않았다. 구매를 담당하거나 공사의 재료 구입을 담당한 환관들이라면 모두 재물을 횡령하여 자신의 욕심을 채웠다. 공물을 담당하는 환관은 상대방의 약점을 찾아내었고 상대방이 자신에게 상당한 재물을 챙겨준다면 그 일을 폭로하지 않았다. 만일 상대방이 애매모호한 태도로 나온다거나 자신의 욕망을 채워주지 않는다면 상대방을 궁지에 몰아넣어 자신의 부탁을 들어주지 않을 수 없도록 만들었다. 환관들의 재산축적은 이런 방법으로 이루어졌다. 사실 권력을 손에 넣은 환관들은 머리를 짜내지 않아도 재산을 얻을 수 있었다. 재산을 취하는 경로 중 하나가 황제에게 하사받는 것이고 그 두 번째가 대신 혹은 벼슬을 구하는 사람들에게서 거액의 재산을 취하는 것이었다.

'창백한 얼굴의 내관들은 휴식을 취할 때, 꽃 옆에서 공치는 소리를 듣는다.' 어린 태감들은 휴식을 취할 때면 꽃을 감상하거나 노래 부르기를 좋아했다. 환관들은 꽃을 꺾어 머리를 장식하는 것을 좋아했다. 성질이 못된 위충현조차 꽃을 꽂는 것을 좋아해 여름에는 비녀에 자스민, 치자꽃 등을 꽂고 다녔다. 명대의 환관들은 궁 밖에서 진귀한 꽃과 풀을 자주 사들여 황제가 지나다니는 길가에 심었다. 당시의 진귀한 꽃으로는 붉은 수선화와 샤빌, 번란시番蘭柿 등이 있었다. 번란시는 오늘날의 칸나를 말한다. 궁에 '봄바람 속에 수많은 향기가 섞여 오니, 칸나가 더 붉게 빛난다.'라는 시가 있었다.

**꽃으로 머리 장식
즐겨해**

청대 궁중의 공연을 담당하는 자들은 모두 환관으로 구성되어 있었다. 이들은 똑똑하고 영리하며 용모가 준수한 어린 태감들이었다. 그들이 춤과 노래를 배우면서 대부분의 환관들은 춤과 노래에 푹 빠져 지냈다. 어떤 어린 태감들은 일상생활 속에도 공연을 하는 것처럼 행동했다. 평소 걸을 때에도 무대에서 걷는 것처럼 걷고 작은 소리로 박자를 맞추었으며 공연 중에 부르던 노래 가사를 이용해 사람들과 농담을 주고받았다. 게다가 일반적인 대화를 나눌 때나 사물을 평가할 때도 공연 중의 노래 가사를 이용해 즐겁게 노래했다.

태감들은 매일 보초를 서거나 일을 할 때, 주의를 기울여야 하며 함부로 말하거나 웃어서는 안됐다. 명령을 기다릴 때는 정신을 집중하고 귀를 열고 정중히 들어야 했다. 주인에게 두 번 말하게 하는 잘못을 저지르면 안되었기 때문에 정신을 바짝 차리고 긴장해야 했다. 저녁이 되어 각 궁의 문이 모두 잠긴 후, 야간 당직을 서지 않는 태감들은 그제야 마음 놓고 놀 수 있었다. 이를 증명하듯, 궁중에 '북이 세 번 울리고 중문이 잠기고 나면 중인들은 마음 놓고 즐길 수 있다.'라고 이들을 묘사한 시가 있다.

명절을 지낼 때, 환관들은 서로 음식을 나누어 먹으며 우정을 나누었다. 중양절重陽節을 전후해서 환관들은 연회를 마련하고 서로를 초대했는데 이를 영상연迎霜宴이라 부르며 음식을 먹고 즐겼다. 연회를 준비할 때 환관들은 국화를 수십 층으로 쌓아놓고 산처럼 쌓인 오색찬란한 국화를 보며 즐거워했다.

**불교를 통해
스스로를 위로**

환관들 대부분은 불교를 숭배하며 인과응보를 믿고 환관이 되는 것을 출가와 같은 의미로 받아 들였다. 당대의 흉악무도했던 이보국李輔國 역시 불제자처럼 항상 염주를 걸고 다녔으며 육식을 하지 않았다. 명대의 정의감에 넘쳤던 환관 흥안興安도 확고한 불제자로 임종 전 자신의 뼛가루를 절에 묻어달라 부탁했다고 한다. 청대 순치제 때는 오양보吳良輔라는 환관이 황제와 가까이 지냈는데, 아마도 오양보를 통해서 순치제가 불교학에 흥미를 느끼게 되었을 것이다. 순치제는 그의 소개로 불교학사와 왕래하기도 했다. 오양보는 순치제가 중병에 걸려 몸져눕게 되자 제도濟度, 머리를 깎고 중이 되는 의식 – 옮긴이 의식을 거행했다. 그러나 대부분의 환관들은 불교를 깊이 수양할 필요가 없었다. 그들은 불교를 믿음으로써 자신을 스님과 같은 반열에 올려놓고 자신을 위로했다. 그렇지 않으면 그들은 자신들이 거세했다거나 제3의 성이라는 인격을 직시할 수 없었을 것이다.

양자를 입양했던
중년이 넘은 환관들

환관은 입궁한 후 수양아들을 들일 수 있었다. 옛사람들은 대가 끊기는 것을 생애 최대의 벌로 생각했으므로 환관들이 수양아들을 들이는 것 역시 자신을 위로하기 위함이었다. 당대에 환관은 열 살 이하의 거세된 아동을 양자로 들일 수 있다는 규정이 있었다. 송대에는 서른 살 이상의 양자가 없는 환관들은 어린 환관을 양자로 들일 수 있으며, 또한 이것을 기록으로 남겨야 한다는 규정이 있었다. 또 환관이 궁 밖으로 나가 민가의 아이를 강탈해 오는 경우가 있어, 어머니들의 상소가 빗발쳤던 적도 있었다.

환관의 양자라고 해서 모두 거세한 것은 아니었다. 예를 들어 동한의 대환관 조등曹騰은 황보皇甫라는 성의 남자아이를 양자로 들여 조숭曹嵩

으로 이름 지었는데, 이 조숭이 바로 조조曹操의 아버지이다. 청나라 말기의 태감들은 자신의 조카를 양자로 들여 궁 밖에 거주하는 경우가 많았으므로, 환관들의 자녀들은 제자와 양자로 양분되었다. 양녀를 들인 환관으로는 조고趙高가 있었는데, 그 사위 염락閻樂은 조고의 심복이 되었다.

　모든 환관이 성년이 된 후 양자를 들일 능력을 갖춘 것은 아니었다. 환관 중에서도 지위와 재산이 있는 자만 양자를 들일 수 있었다. 대환관은 양자에게 모든 재산을 물려주어야 하므로 양자를 들이는 일을 몹시 중요시했다. 그에게 효를 다하고 그가 죽은 후 그의 묘를 지키며 제사를 지내줄 수 있는 사람을 골라 자신이 죽은 후에도 외로운 넋이 되지 않기를 바랐다.

모욕을 당해도 기뻐해야 하는 운명

보통 환관들은 궁중에서 비인간적인 대우를 받았다. 그들은 매일 주인의 곁에서 미소를 지으며 비위를 맞추었고 절대 자신의 희로애락을 표현할 수 없었다. 억울함과 원망을 감히 표출하지 못했고 모욕적인 일을 당하더라도 기쁘게 받아들이는 척해야 했다. 그들은 주인과 대환관들의 희롱거리였다. 황제는 기분이 좋을 때는 돈을 바닥에 던져 태감들이 서로 다투어 줍게 했다. 또, 이를 황은이라 하며 모든 태감들은 황제의 은혜에 감사드려야 했다. 주인은 자신의 재미를 위해 때때로 환관들에게 고양이와 개 짖는 소리를 흉내내게 했으며 환관들이 자발적으로 고양이와 개 짖는 소리를 내거나 동물들의 흉내를 내기도 했다. 명明의 건문제建文帝 때의 일이었다. 황제의 식사 시간에 태감 오성吳誠이 곁에서 술을 따르고 있었는데, 건문제가 거위 고기를 먹다가 고기 한 점을 땅에 떨어뜨렸다. 오성은 술잔을 내려놓지도 않고 개의 흉내를 내며 땅 위에 떨어진 고기를 핥아먹었다. 자애로운 건문제는 이를 보고 감동을 받아 몇 년이 지난 후에도 이 일을 기억했다.

황제의 희롱거리였던
환관

　　　　　　　　　　　환관의 지위는 미천했고 툭하면 벌을 받았으나 이는 그들이 잘못해서가 아니라 대부분 황제가 그들에게 화풀이를 했기 때문이었다. 주인이 화를 낼 때 환관들은 심연에 빠지는 것과 같았다. 조금 빠르게 걸었거나 동작이 조금 느리거나, 표정이 좋지 않다거나 다른 곳을 보고 있어서처럼 매를 맞는 이유는 다양했다. 주인이 환관을 때릴 때 쓰는 판대기나 막대기 등은 항상 그들 곁에 준비되어 있었다. 매를 맞는 태감은 다른 태감들에 의해 땅에 눕혀지고 그 옆에서 한 태감이 매를 치면 또 다른 태감은 그 수를 셌다. 매를 맞는 태감은 말을 할 수 없었고 소리도 내서는 안됐으며 그저 죄를 인정하고 용서를 빌어야 했다. 또한 매를 맞은 후 부축을 받아 주인 앞으로 와서 땅에 엎드려 '은혜에 감사드립니다'라고 말해야 했다.

　명대 위충현의 아랫사람이던 동엄東广이 형장을 발명했는데, 앞부분은 두껍고 끝부분은 가는 형태로 앞부분에 '수壽'가 새겨져 있었다. 이 형장을 동과冬瓜, 길쭉하게 생긴 호박의 일종 – 옮긴이에 시험을 해보자, 동과의 껍질은 그대로였으나 속은 뭉개져 있었다. 이 형장으로 사람을 때리면 겉으로 보기에는 피부가 멀쩡했으나 살은 뭉개져버렸다. 청대에 이 형구에 이어 새로운 형구가 만들어졌는데, 곤장의 중간에 납을 넣어 그 길이가 길어졌고 이 형구에 매를 맞은 태감은 열 대를 넘기지 못하고 죽었다. 청대 말 무술戊戌에서 자희慈禧 말년까지 이 곤장에 맞아죽은 태감이 백 명에 달할 정도였다.

지위와 과실에 따른
엄중한 처벌

명대에 잘못을 범한 태감들은 그 지위와 과실 정도에 따라 궁에서 축출되거나 보통 환관으로 강등당하거나 효릉사孝陵司에서 향을 피웠다. 아니면 정군으로 충당되거나 효릉에서 채소를 심거나 고문당한 후 남해자南海子, 궁내 동물원로 보내졌다.

명대 궁중의 경고방更鼓房은 죄를 지은 환관들이 일하는 곳이었다. 매일 밤 다섯 명의 환관이 돌아가며 현무문玄武門, 청대에는 신무문神武門으로 개칭에 가서 시간을 알렸다. 초경삼점初更三点에서 오경삼점五更三点까지 시간에 따라 등나무줄기로 북을 치거나 박달나무 망치로 구리를 부어 주조한 운판雲板, 구름 모양을 청동판에 새겨 만든 타악기의 일종 – 옮긴이을 두드렸다. 한 시간마다 한 사람씩 문 위에 올랐는데, 절대 등을 켤 수 없었으므로 비가 오고 바람이 부는 날이나 아무리 칠흑같이 어두운 밤일지라도 더듬어가며 문 위에 올라 시간을 알려야 했기에 말할 수 없이 고생스러웠다. 만일 시간이 조금이라도 틀리면 처벌을 면치 못했다.

청대에 잘못을 저지른 태감들은 소, 돼지를 치는 곳으로 끌려가 노비가 되거나, 흑룡강黑龍江 관병들의 노비로 끌려갔다. 어떤 이는 무부務府 총관에게 넘겨져 아홉 줄의 쇠사슬에 묶여 있기도 했다. 벌금을 무는 것은 비교적 가벼운 처벌이었는데 보통 4개월에서 6개월의 월급이 삭감되었다.

신체적 불구를 극복한 환관의 여인들

환관은 비록 남성으로 중요한 기관을 잃기는 했지만 성에 대한 욕구는 남아 있었다. 의학적으로 봤을 때, 인간의 성욕은 엄마의 뱃속에 있을 때부터 이미 형성되어 있기 때문에 아기 때 수술을 하여 성이 바뀐다 하더라도 원래의 성욕은 성인이 되어서도 여전히 존재한다고 한다.

처와 첩을 들였던
많은 환관들

처첩을 들인 환관들을 살펴보자. 서한의 대환관 석현石顯에게도 부인이 있었는데, 강등당한 뒤에는 부인과 고향으로 내려가 살았다. 어릴 때 부형腐刑을 당해 입궁한 석현은 입궁 후 부인을 맞이했다. 동한의 환관 단초單超 등은 공을 세워 후侯에 봉해져 큰 권세를 얻어 처갓집의 미녀를 첩으로 들이기도 했는데, 첩들이 사용하던 장신구는 궁의 비빈들과 다름없이 화려했다. 북위北魏의 환관들에게도 부인이 있었는데, 그중 장종지張宗之의 아내 소蕭 씨는 남조송南朝宋의 대신 은효조殷孝祖의 부인이었다. 포억抱嶷의 아내는 장張 씨였고, 왕우王遇 역시 아내가 있었다. 당대의 가장 유명한 환관 고력사도 여무오呂無晤의 딸을 아내로 맞이했는데 여 씨는 용모가 아름답고 행동거지가 고상했으나 중년에 병사하고 말았다. 이후 고력사는 다시는 아내를 들이지 않았다. 이보국李輔國은 당숙종唐肅宗의 중매로 원탁元擢의 딸, 즉 원재元載의 여동생을 아내로 맞이했다.

당 후기에는 환관의 부인이 아주 영광스러운 자리이기도 했다. 예를 들어 유굉규劉宏規의 부인 이李 씨는 밀국密國부인으로 봉해졌고, 마존양馬存亮의 부인 왕王 씨는 기국岐國부인으로 봉해졌다. 송대 환관의 우두머리에게도 부인이 있었는데, 양유간梁惟簡 역시 부인을 맞이했다. 이를 증명하듯, 송신종宋神宗이 중병으로 몸져눕자 황태후는 양유간의 부인으로 하여금 열 살 정도의 아이가 입을 수 있는 황금색 도포 한 벌을 지어 올리게 했다고 하는 기록이 남아 있다. 이는 황태후는 신종의 아홉 살 난 아들 조우趙煦로 하여금 왕위를 잇게 할 속셈이었던 것이다. 한편, 송휘종宋徽宗때 대환관 양사梁師는 나는 새도 떨어트릴 만한 권력을 쥐고 있었는데 그의 부인이 죽자, 대환관 소서당蘇叙堂과 범온경范溫竟이 상복을 입고 앞에 엎드려 곡을 했다 한다.

**형벌이 엄했던
환관의 결혼**

명태종明太宗 때에는 환관이 부인을 맞이하면 가죽을 벗기는 형벌에 처해졌다. 이 금기조항의 준수여부는 후대 황제에 의해 결정되었다. 성품이 너그러운 명영종明英宗은 대태감 오성吳誠에게 부인뿐 아니라 첩을 들이는 것도 허락했다. 게다가 토목지변土木之變, 몽골 오이랏의 침략으로 영종 주기진이 적진으로 끌려갔던 치욕-옮긴이 중 그가 전사하자 그의 첩인 요姚 씨의 요청에 따라 경제景帝는 오성이 남긴 의관을 향산에 묻도록 허락했다. 경태景泰에 그의 첩이 된 요 씨가 오성이 생전에 향산에 묻히길 원했다며 황제에게 상주했기 때문이었다. 한편, 헌종憲宗 때에는 태감 용윤龍潤이 방영方英의 아내를 취하자 헌종이 이혼하도록 명하기도 했다.

 환관은 생리적, 심리적 욕구에 의해 아내를 맞이하고 싶어 했다. 환관에게 남성의식이 존재하는 이상 성적 욕구도 여전히 존재했다. 욕구의 강도는 다르겠지만 성을 원하는 마음은 비슷할 것이다. 환관은 사람들이 자신을 정상적인 남자로 봐주길 원했고 자신이 남자라는 사실을 증명하길 원했다. 그들은 아내를 맞이함으로써 자신들이 정상적인 남자와 다르지 않다는 사실을 증명했다. 원대에 조백안불화趙伯顔不花라는 환관이 있었다. 그는 본래 거란의 인재였으나 형을 당한 후 입궁했다. 그러나 그때 그는 이미 혼인을 한 상태라 나중에 부인을 입궁시켜 함께 생활했다. 역사서를 보면 그는 부인을 떠나길 원치 않았고 부인도 그와 헤어지길 원치 않았다는 기록이 남아 있다. 이로 보아 남편이 거세를 당해 남성이 없어졌어도 이들 부부의 마음은 변치 않았음을 알 수 있다.

거세로도 사라지지 않는 환관의 성욕

성욕은 환관이 배우자를 찾는 내재적인 원동력이었다. 역사적으로 권력을 쥔 환관이 민가의 부녀자를 강탈해오는 일은 드물지 않았다. 그들은 이를 즐겼다. 예를 들어 동한의 환관 후람侯覽은 민가에서 부녀자를 강탈해오는 일로 악명을 날렸다. 명초明初의 하남河南 안찰사가 민가를 암행할 때, 한 집에서 슬프게 우는 소리를 듣고 탐문해 그 집의 딸이 환관에게 강간당하고 죽었다는 사실을 알게 되었다. 이러한 강간은 흉포한 상해 행위였다. 명영종英宗 때, 대동에 군대를 주둔시키던 환관 위역전韋力轉은 모 군관의 부인을 강제로 범하려 했다. 부인이 그에게 복종하지 않자 위역전은 그 군관을 때려죽였다. 그 후 위역전은 또다시 양자의 첩과 간통하다 양자에게 발각되자 양자를 활로 쏘아 죽였으며, 또 강제로 부하의 딸을 첩으로 삼았다. 명대의 환관 중에는 죽을죄를 무릅쓰며 부인을 맞이한 자도 많았는데, 황제에게 잘못을 빌면 용서를 받을 수 있었다. 영종은 성격이 너그러워 위역전과 같은 포악한 자도 너그러이 용서했으나 세종世宗은 부녀자를 괴롭혀온 후장侯章을 극형에 처했다.

민가 부녀자 강탈부터
황후와 사통까지

　　　　　　　　　북위의 환관 고보살高菩薩은 효문제孝文帝의 풍馮황후와 사통했는데, 사람들은 고보살이 거세를 하지 않았다고 의심했다. 사실을 알게 된 효문제가 친히 고보살과 풍황후를 엄히 심문했으나 고보살의 거세 여부는 드러나지 않았다. 효문제가 풍황후에게 "황후는 어떤 사악한 요술妖術을 부렸는지 짐에게 말해보시오."라고 말했다. 생각해보라. 만일 고보살이 거세하지 않았다는 것을 알아냈다면, 효문종은 풍황후에게 사악한 요술妖術을 부렸다 말하지 않았을 것이다. 역사서를 숙지하고 있었던 효문제는 한무제漢武帝의 진황후가 남장여자를 불러들인 일을 알고 있었을 것이다. 진아교陳阿嬌는 무제가 자신을 멀리하자 외로움을 참지 못하고 무당에게 남자의 옷을 입혀 그녀와 같이 자며 부부처럼 지냈다. 이러한 동성애가 바로 '요술'이었다. 역사서에는 고보살이 어떤 처벌을 받았는지 기재하지 않았지만 아마 효문제는 풍황후의 죄를 더 크게 보았을 것이다. 이 사건으로 보아 거세한 후의 남성도 성적인 능력이 있다는 것을 미루어 짐작할 수 있지만 자세한 사실은 알 수 없다.

　　고력사는 어릴 때 거세당했으므로 가짜 환관은 아니었다. 하지만 여인들과 사통했다. 당시 재상이었던 배광정裴光廷은 무삼사武三思의 딸을 부인으로 맞았는데 이 여인이 나중에 고력사의 정부가 되었다. 다음의 이야기에서 환관의 처첩들의 문제가 잘 나타나 있다. 원순제元順帝 때의 환관 한실후失에게는 처와 첩이 하나씩 있었다. 처첩은 서로 사이가 좋지 않았는데, 하루는 질투심에 휩싸인 첩이 한실의 처를 죽이고 그 살을 도려내 젓을 담가 개에게 주었다.

**가장 흔했던
기녀와의 정분**

환관과 정을 통하는 대상은 주로 기녀였다. 송의 환관 임억년林亿年은 노령으로 퇴직한 후, 창기娼妓를 키워 돈을 벌어 염문을 퍼뜨렸다. 또 다른 환관 진원인陳院囡은 잘못을 범해 강등당한 후 기녀와 문란하게 지냈다. 임억년과 진원인의 행적들이 알려지자, 사람들은 그들이 가짜 환관일 것이라 수군거리며 환관들의 생식능력을 의심하기도 했다. 명대의 환관은 창기와 어울려 즐기다가 창기를 아내로 맞이한 경우도 있었다. 또 환관들과 사통하던 하층민 부녀자들이 남편을 버리고 환관을 따라가기도 했다.

만역萬曆 연간에 다음과 같은 일도 있었다. 궁에서 남장을 한 자가 발견돼 그녀에게 추궁해 물으니 이 여자는 모 환관과 오랫동안 사통한 사이였는데, 이 환관이 화대를 주지 않고 궁 안으로 숨자 여자가 남장을 하고 들어와 환관에게 돈을 달라고 요구했다는 것이다. 이 사건으로 환관은 한직으로 쫓겨나게 되었다.

명희종明熹宗의 유모 객客 씨는 몹시 음탕한 여자였다. 그녀는 환관의 성적 능력을 검증한 사람이었다. 객 씨는 먼저 환관의 우두머리인 위조魏朝와 사통했다. 그 후, 위충현의 성적 능력이 위조보다 더 강하다는 말을 듣게 된 객 씨는 위충현과도 몰래 놀아났다. 그 결과 위충현과 위조는 서로를 적대시하게 되었다. 어느 날 밤, 위충현과 위조는 객 씨의 사랑을 독차지하기 위해 건청난각乾淸暖閣에서 다투고 있었다. 그들의 다투는 소리에 침수에 들었던 희종이 잠을 깼다. 객 씨와 두 명의 위 씨는 희종 앞에서 상황을 설명했고, 희종은 조금도 화내지 않고 객 씨에게 "유모가 마음에 드는 사람을 말하면 내가 판결을 내주겠소."라고 말했다.

이에 객 씨는 위충현을 택했고 희종은 그의 손을 들어주었다. 얼마 지나지 않아 위조는 궁 밖 원유苑囿로 쫓겨났다. 그러자 객 씨와 위충현은 더욱 진한 애정행각을 벌였고 객 씨의 도움으로 일자무식이었던 위충현은 사예감병필司禮監秉筆 태감이 되었다. 당시 명조정에서는 내서방內書房 출신으로 문과와 이과에 정통한 태감들 중에서 사예감병필태감으로 임용할 것을 엄격히 규정하고 있었음에도 불구하고 말이다.

**생식기 회복 위해
남자아이 골수도 먹어**

우두머리 환관의 권세는 몹시 대단해서 무엇이든 자신이 마음먹은 대로 할 수 있었다. 단지 거세로 인해 남성을 회복할 수 없다는 것이 유일한 결점이라 백방으로 남성을 회복할 수 있는 방법을 알아보곤 했다. 복건福建에서 세수稅收를 담당하던 환관 고채高寀는 어느 날 한 도사에게 남자아이의 골수를 먹으면 효과가 있다는 말을 듣고, 거액을 들여 살수殺手를 고용해 남자아이의 골수를 구했다. 이로 인해 많은 수의 무고한 아이들이 그들의 칼에 죽어갔다. 위충현도 이러한 '약방藥房'을 듣고 죄인 일곱 명을 죽여 그들의 골수를 게걸스럽게 먹어치웠다. 그들의 생식기 회복 가능성에 대해 추측을 해보면, 오래된 상처 위에 새로운 조직이 자라날 가능성은 어느 정도 있었으나 생식기가 회복되었다는 환관은 단 한 명도 없었다. 가짜 양물陽物, 생식기 - 옮긴이을 사용한 증거도 있다. 명무종明武宗 때, 대태감 유근劉瑾은 가짜 양물을 사용하다가 궁녀를 숨지게 했고, 만역萬歷 때에도 한 환관이 이를 사용하다가 춤을 팔러온 여자아이를 숨지게 해 관부에 의해 목이 떨어졌다.

여인이 아니었던 황제의 연인

황제가 남성을 총애한 것은 여인들에 대한 반감이나 무절제한 생활 속에 나타나는 특별한 현상이 아니었다. 그것은 황궁 내 성생활의 일부분이었고 또 다른 즐거움이었다. 남총이라 불리는 황제의 동성 연인은 대개 두 부류로 나뉜다. 한 부류는 궁에서 황제의 시중을 드는 잘생긴 환관들이었고, 또 한 부류는 조정의 신하나 미소년과 같이 궁 밖에 있는 미남들이었다.

황제가 사랑한 아름다운 남자

진한 시대의 중국은 윤리관념이나 도덕관념이 아직 완전히 정립되지 않은 시기여서 사람들은 자신의 뜻에 따라 매우 자유롭게 살았다. 이 시기에 방대한 제국을 세운 황제는 불과 한 세기 만에 천하를 위협하는 존재가 되었다. 득의양양해 하던 황제들은 자신들이 하고 싶은 일이라면 무엇이든 할 수 있었다. 황제들은 전국을 정복하고 천하를 호령하며 자신의 영웅심을 만족시킨 후에 향락적인 생활에 관심을 돌렸다. 그래서 천하의 모든 것을 향유하며 주색에 빠져 지냈다.

한대 황제 중에 적지 않은 이들은 여색은 물론 남색에도 많은 흥미를 가졌다. 게다가 직접 남성들과 즐기며 그 기쁨에 빠져 지내기도 했다. 물론, 황제들이 남성을 좋아한 것은 결코 그들을 사랑해서가 아니었다. 잘생긴 이들을 노리갯감으로 삼아 자신들의 성적 욕망을 충족시키기 위한 것이었다. 그래서 남색을 좋아하던 황제들이 그들에게 변함없는 애정을 쏟기란 불가능한 일이었다. 사실, 중국 역대 왕조의 황제들 중 색을 좋아하지 않은 황제는 거의 없었다. 그들은 남색을 좋아하면서 여색도 좋아했다. 남색을 좋아하는 황제들 중에서 동성만 좋아한 황제는 아무도 없었다.

**잘생긴 환관들과
궁 밖의 미남들**

황제가 남성을 총애한 것은 무절제한 생활 속에 나타나는 특별한 것이 아니었다. 그것은 성생활의 일부분이었고 또 다른 즐거움이었다.

　황제의 동성 연인인 남총은 대개 두 부류로 나뉜다. 한 부류는 궁에서 황제의 시중을 드는 잘생긴 환관들이었고, 또 한 부류는 조정의 신하나 미소년과 같이 궁 밖에 있는 미남들이었다. 이러한 남총들 중에서 어린 황제가 감정적으로 의지하던 황제의 동반자들은 황제가 성년이 되어 집정하기를 기다렸다가 황제의 파트너 자리를 차지하기도 했다.

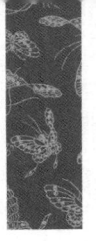

나라를 멸망시킨 진시황의 남자

진秦왕조는 진시황제 영정嬴政이 위세를 떨치던 나라들을 차례로 멸망시키고 천하 통일을 이룩하며 세운 나라다. 하지만 강대한 진제국은 진시황제가 죽고 채 몇 년이 지나지 않아 곧 멸망의 길을 걸었다. 역사란 참으로 신기하고 놀랍지 않은가? 당시 수백만의 강력한 군대를 보유한 진제국이 순식간에 연기처럼 사라졌으니 말이다. 진제국은 외적의 침입이나 몰락한 6국의 귀족들에 의해 사라진 것이 아니었다. 바로 진시황제 영정과 그의 아들 호해胡亥가 총애하던 조고趙高의 손에 몰락했다.

**귀족적인 외모로
황제를 대변**

조나라 출신이었던 조고는 큰 체격과 준수한 외모에 귀족의 위엄과 패기를 모두 갖춘 사람이었다. 기록에 따르면 조고가 입궁하고 20여 년 동안 궁의 일을 맡아 보면서 진시황제 영정에게 두터운 신임을 받았다고 한다. 진시황제는 뛰어난 재능과 순발력을 가진 조고를 매우 마음에 들어 하여 그를 가까이 두었다. 조고는 황제를 도와 궁의 사무를 맡아보았을 뿐만 아니라 진시황제와 그의 어린 아들 호해의 시중을 들었다. 조고의 위엄 있는 모습에 그를 존경했던 호해는 조고를 두려워하면서도 좋아했다.

조고는 더할 나위 없이 극진히 진시황제를 보필하면서 그의 총애를 한 몸에 받았다. 진시황제는 조고를 곁에 두고 자신을 시중들게 하면서 동시에 주요한 요직을 맡겼다. 중차부령中車府令에 임명된 그는 옥새를 찍고 명을 내리는 일까지 도맡아 하면서 황제의 대변인 역할로 큰 위세를 떨쳤다. 그러던 어느 날 진시황제가 사구沙丘에서 병으로 죽자 곧바로 중차부령 조고와 호해가 의기투합했다. 그들은 재상 이사李斯와 결탁하여 진시황제가 장자 부소扶蘇에게 황위를 물려준다고 남긴 유조를 조작해 부소를 압박했다. 결국 이를 견디지 못한 부소가 자살하고 둘째 아들 호해가 황제의 자리에 올랐는데 그가 바로 진나라 2세 황제다.

**진왕조를 멸망시킨
황제의 남자**

조고의 힘을 빌려 황제의 자리에 앉은 진 2세 호해는 즉시 조고를 황제를 보필하는 최고 자리인 내관랑중령內官郎中令에 임명하고 궁의 수위를 맡겼다. 사실 당시 조고는 이미 2세 호해를 장악하고 있었다. 혈기왕성하고 젊은 호해가 줄곧 주색에 빠져 제멋대로 살자, 조고는 이 기회를 틈타 궁중과 조정을 장악하고 천자를 대신해 명을 내렸다.

호해와 조고는 진시황제 후궁 중에 아들이 없는 자들을 모두 순장하고 비밀리에 진시황제의 아들딸 20여 명을 모조리 죽여버렸다. 그리고 대장군 몽념蒙恬과 몽의蒙毅 형제를 죽이고 그들과 관련된 수많은 사람들도 함께 죽여버렸다.

   조고는 2세 호해의 총애만 믿고 자신의 권위를 세우기 위해 대전에 모인 조정대신과 호해 앞에서 공공연히 허무맹랑한 주장을 했다. 그리고 이에 불복하는 사람들을 모두 죽여버렸다. 재상 이사도 그의 손에 죽고 압박에 못이긴 풍馮도 자살해 버렸다.

   2세 3년 8월, 조고의 명을 받은 위양령咸陽令 직에 있던 사위 염악閻樂과 동생 조성趙成은 병사 천여 명을 이끌고 호해의 거처인 망이궁望夷宮을 공격하여 그를 생포했다. 호해는 살려달라고 애원하면서 총애하던 조고가 자신을 살려줄 거라는 희망을 버리지 않았다. 호해는 조고를 만나게 해달라고, 평민 신분으로나마 살 수 있게 해달라고 간청했다. 하지만 결국 그는 마지막 소원을 이루지 못한 채 죽임을 당했고 진왕조도 멸망하고 말았다.

동성애에 가장 심취했던 한무제

동성연애에 가장 심취했던 황제는 한무제 유철이다. 그는 한경제 유계의 아홉째 아들로 여섯 살 때 관도장공주의 적극적인 지지로 태자의 자리에 올랐다. 그리고 열다섯 살에 황제로 등극하여 관도장공주의 딸 진아교를 황후로 삼았다.

정력이 왕성했던 한무제는 진황후와 마음껏 사랑을 나눴을 뿐만 아니라 넘치는 정력으로 남성들도 사랑했다. 사실 무제는 황제로 즉위하기 이전부터 동성애를 시작했는데, 그의 동성 연인은 미소년 한언韓嫣이었다. 무제는 세 살 때 교동왕膠東王으로 봉해진 뒤로 어린 시절을 그와 함께 보냈다. 두 사람은 함께 공부하고 무술을 읽히며 함께 밥을 먹고 함께 잠을 자던 사이었다. 훗날 무제가 태자로 즉위하면서 두 사람의 관계는 더욱 깊어졌다. 그리고 무제가 황위에 오르자 두 사람은 떼려야 뗄 수 없는 사이가 되었다.

황제의 공식적인
연인이 된 미소년

무제는 미남 한언과 연인 사이임을 공공연히 드러냈다. 그는 조부인 한문제 유항劉恒을 본받아 자신의 연인인 한언에게 10만의 상금과 관상대부宦上大夫의 관직을 내렸다. 무제의 특별한 총애를 받던 한언은 일반 왕후들과 같이 화려한 생활을 하며 무제와 식사와 잠자리를 함께 하기도 했다. 그는 심지어 외출할 때 황제처럼 의장과 수행원을 데리고 다니며 황제와 다름없는 모습이었다.

이처럼 비정상적으로 동성 연인인 한언을 총애하는 무제의 태도에 당연히 조정백관들은 반대했다. 강도왕은 황제가 공공연히 남색을 밝히는 모습이 성현의 가르침과 예법에 위배되는 행동이라고 생각했다. 그래서 강도왕은 태후 앞에서 읍소했다. "이것은 황실의 불행이자 황가의 치욕입니다." 물론 태후도 아들의 비정상적인 행동을 용납할 수 없었.

하지만 아들은 이미 황제의 자리에 있지 않은가? 그러니 태후도 아들을 완강하게 말릴 수 없는 처지였다.

태후의 분노의 화살은 한언에게 향했다. 무제가 한언을 총애하는 마음은 그야말로 절정에 달해 있었는데, 황실의 규칙을 깨고 그에게 자유롭게 출궁하는 것을 허락할 정도였다. 한언은 정상적으로 남성의 성기를 가진 남자였다. 잘생기고 다정한 그가 자유롭게 궁을 드나들면서 후궁전의 미인들을 가만두었겠는가? 그래서 어떤 자가 한언이 후궁전을 문란하게 한다고 태후에게 밀고했다. 태후는 이것을 구실로 한언을 죽이라는 강력한 명을 내렸다. 이 소식을 들은 무제는 곧장 달려가 한언을 용서해달라 했다. 하지만 태후는 강경한 태도로 황제의 청을 거절했다. 이렇게 한언은 황천길로 떠났다.

여자보다 더 예뻤던 궁정 악사

한언이 죽은 뒤 무제는 자신의 사랑을 궁정 악사인 이연년李延年에게 모두 쏟아 부었다. 이연년은 중산中山 사람으로 창가倡家 출신이었다. 그는 남자였지만 여자처럼 몸매가 호리호리하고 얼굴이 예쁜데다 춤과 노래가 매우 능했다. 이연년을 보고 몹시 마음에 들어 하던 무제는 항상 그를 곁에 두었다.

얼마 후 이연년은 죄를 짓고 궁의 규정에 따라 궁형宮刑, 생식기를 거세하는 형벌-옮긴이을 받았다. 이연년이 궁형을 받고 더 여성스러워질 거라 생각했던 무제는 이 사실에 매우 기뻐했다. 역시 그의 예상대로 궁형을 받은 뒤 이연년은 피부가 더 매끄러워지고 수염도 사라졌다. 목소리도 더욱 아름다워졌으며 매력적인 허리를 갖게 되었다. 이처럼 그의 아름다움은 수많은 미인들을 넘어설 정도였다.

이연년과 그의 여동생은 두 사람이 함께 한무제 유철의 잠자리 시중을 들었다. 이후 이연년은 돈을 펑펑 쓰며 호화롭게 살았다. 하지만 정이 많았던 이연년은 적막함을 견디지 못하고 무제의 후궁들에게 손을 댔다. 게다가 그는 황제의 총애만 믿고 거만하게 횡포를 부렸다. 하지만 이연년의 동생인 이부인이 죽자 그에 대한 무제의 마음도 점차 시들어 갔다. 그리고 훗날 한무제는 더 이상 매력을 느끼지 못했던 이연년을 죽여 버렸다.

중국의 소돔과 고모라
-명청시대의 동성애

명청 두 시대에는 남성들의 동성애가 매우 성행하여 풍족했던 계층 사람들은 모두 이에 많은 흥미를 보였다. 황제 역시 고위, 고관들 못지않게 동성애에 흥미를 보였는데, 그중에서도 명무종과 명신종이 특별히 관심이 많았다.

**황제의 노리갯감으로
전락한 환관**

막 보위에 오른 명무종은 환관들 중에서 준수한 자들을 뽑아 성은을 내렸고 그들을 '노아당老兒當'이라 불렀다. 사실 그들은 모두 어린 환관들이었다. 훗날에는 '금감노아당金剛老兒當'도 있었다.
　명무종이 남방을 유람할 때 대신 양일청楊一淸 집에 들렀다가, 예쁘장하게 생긴 노래하는 어린 소년을 보았다. 명무종이 그의 이름을 묻자 아이는 양지楊芝라고 대답했다. 그러자 명무종은 야릇한 목소리로 "너에게 양지옥￦脂玉이라는 이름을 하사하노라."라고 말했다. 아이와 헤어지기 아쉬웠던 명무종은 양지옥을 데리고 떠났다. 당시 양지옥의 약혼녀의 아버지인 송민宋閔이 살인죄로 상주常州에 갇혀 있었는데, 순시를 돌던 어사 이동李東이 양지옥이 황제의 성은을 입었다는 사실을 알고 즉시 상주의 지부知府 이숭李嵩에게 송민을 석방하라는 명을 내렸다.

한번은 무종이 유람을 하다 노래하는 남자아이를 보고 또 마음에 들어 했다. 무종이 그의 이름을 묻자 옆에 있는 자들이 '두상백頭上白'이라며 그의 별명을 말했다. 이 말에 한참을 웃던 무종은 놀리듯 말했다. "머리가 하얗다면 허리도 하얀 것이냐?" 이 말에 곁에 있던 환관들은 황제가 그를 마음에 들어 한다고 생각하고 황제가 떠나자마자 그의 생식기를 거세해버렸다. 하지만 즐거운 놀이가 많았던 무종은 이 일을 까마득히 잊고 있었고 이후 그 아이를 다시 찾지 않았다. 이처럼 황제는 노리갯감을 한 번 가지고 놀고 나면 돌아서서 곧장 잊게 마련이었다.

명신종도 남성에게 관심을 가지고 있었다. 그는 일찍이 총명하고 예쁘게 생긴 어린 환관 10여 명을 뽑아 자기 곁에 두고 시중을 들게 하거나 성은을 내렸는데, 사람들은 그들을 '십준十俊'이라 불렀다.

하지만 훗날 이들은 황제의 총애만 믿고 날뛰면서 나쁜 무리들과 결탁해 이익을 챙겼다. 이 사실이 발각될 때마다 신종은 아무런 미련 없이 그들을 때려죽였다. 그래서 수십 년 후에는 '십준'은 한 명도 살아 있지 않았다.

**동성애도 황궁의
밤문화 중 일부**

　　　　　　　　총애하는 '십준'이 잘못을 저지르자 미련 없이 그들을 때려죽인 모습만 보고 명신종이 슬기로운 황제였다고 말할 수 있을까? 사실 명신종이 그들을 처리한 것은 그들에게 흥미를 잃었기 때문이라고 볼 수 있다. 일단 황제가 흥미를 잃으면 진주도 한낱 먼지로 변하게 마련이고 아끼던 물건도 폐물로 변하게 마련이다. 그러니 그들이 그렇게 변하기 전에 미리 처리한 것이다.

　훗날 명신종이 천수산을 여행할 때 자신의 수레를 호위하는 미소년 군관에게 또 반하게 된다. 이 때문에 이동하는 도중에 여러 날을 멈춰 쉬며 그와 밤을 보냈다. 그 일이 있은 후 그 군관은 동료들의 비웃음을 받았고 그 또한 부끄러워 고개를 들 수 없었다.

권력을 사랑한 여인들

초 판 1쇄 2012년 2월 22일
개정판 1쇄 2016년 1월 25일

지은이 시앙쓰
옮긴이 강성애
펴낸이 류종렬

펴낸곳 미다스북스
등록 2001년 3월 21일 제313-201-40호
주소 서울시 마포구 서교동 486 서교푸르지오 101동 209호
전화 02)322-7802~3
팩스 02)333-7804
홈페이지 http://www.midasbooks.net
블로그 http://blog.naver.com/midasbooks
트위터 http://twitter.com/@midas_books
이메일 midasbooks@hanmail.net

ISBN 978-89-6637-427-4 (14910)
ISBN 978-89-6637-428-1 (14910) 세트

값 6,000원

※ 파본은 본사나 구입하신 서점에서 교환해드립니다.
※ 이 책에 실린 모든 콘텐츠는 미다스북스가 저작권자와의 계약에 따라 발행한 것이므로
  인용하시거나 참고하실 경우 반드시 본사의 허락을 받으셔야 합니다.

미다스북스는 다음세대에게 필요한 지혜와 교양을 생각합니다.